神との対話

Conversations with God book 4
Awaken the Species

Neale Donald Walsch

完結編

ニール・ドナルド・ウォルシュ
吉田利子＝訳

サンマーク出版

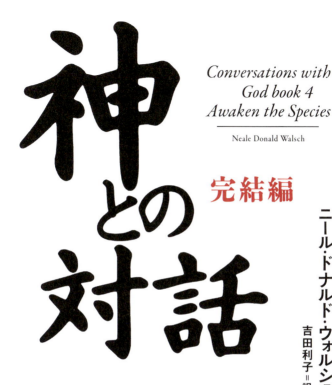

自分の人生も世界も本来すばらしいものであるはずなのに、
そうは思えず、
けれどもそのどちらも可能であると知って、
いま、その可能性を実現することを選ぼうとするひとたちに

著者のことば

『神との対話』シリーズのいちばん新しい本——『神へ帰る』——は、いまから十年前に書かれて出版されたが、そこには「本書が九冊におよぶ並はずれた対話シリーズの最後の一冊となる」と記されていた。

しかし人生というモザイクは変化してやまないし、わたしたちすべてが神と一体なのであれば、わたしたちには、どんな物語についても、映画製作者が「別のエンディング」と呼ぶものを生み出す力がある。どうも、ここでもそれが起こったらしい。「超意識」のレベル（すべての魂が機能しているレベル）で新たな決断がなされたようなのだ。

この対話を公開しないでおくこともできたが、わたしのなかのすべてが、「それはいけない」と叫んでいた。神との最新の対話のありのままの記録を公開することで、わたしは神との約束を果たすのだと感じている。その約束とは、わたしに与えられた最も重要な情報を世界に伝えるためにできることはなんでもします、ということであり、わたしに明かされたその情報は、全世界のおびただしいひとびとの日常の経験を前向きに変え得るものなのである。

世界の主要な宗教のすべてが、歴史を通じていつも起こっていた神から人類への神聖な啓示について語っている。それにもかかわらず、そんな喜ばしい出来事が、どうにも不完全で欠点だらけのわたし自身のような人間に起こるはずがない、と感じるひとたちがいるのは、わたしもよく知っている。けれども常々言ってきたことだが、神と対話しているのは単数のわたしではなく、わたしたちすべて、複数のわたしたちであり、それはいつも行われている。ただ、ほとんどのひとびとは別の呼び方をしているだけなのだ。

わたしたちのすべては、内なる最高の知恵の源に――わたしたちのなかで、わたしたちを通して機能している神、と考えてもいい――アクセスする能力をもっている。そのことは、この対話のなかで**聖なる存在の声**が簡潔に表現している。

「わたしはつねに、あらゆるひとに語りかけている。問題は、『わたしが誰に語りかけているか』ではなく、『誰が耳を傾けるか』なのだ」と。

そこで、みなさんにお願いしたい。ここに記された情報の源について、当然ながら懐疑の念が生じたとしても、それはいったん棚上げし、対話のなかで示されることがみなさんひとりひとりの人生にとって、もっと広く言えば、生命／人生そのものの理解にとって価値があるかどうか、そこに注目していただきたいのだ。

この本には生（人生）と死について――それから生と死のあいだの時間について――たくさんの情報が提示されている。ここには、たぶんみなさんが長いあいだ一ヵ所で触れたことがないほどの、おびただしい形而上的・霊的データがある。対話を読み進めるなかで、みなさんはこうつぶやくかもしれない。「推測にしろ事実にしろ、なんと興味深く魅惑的なのだろう」。だが、こんな疑問が湧いても不思議ではない。「しかし、このようなすべてを知って、どんな利点があるのか？　わたしの人生に、人生をもっと良くするのに、どんな関係があるのか――まして、地球上のすべてのひとたちの人生を良くするのに？」と。

これからみなさんは、この対話を有意義なもの、実効性あるものとするためにわたしが努力し、次から次へと問いを発していくのをご覧になるだろう。わたしにわかっているのは、今日、世界で起こっているあらゆることについて、ひとびとが希望の、信頼の、癒しの、変化のメッセージを願い、探し求めていることである。この神との最新の対話がそれを提供してくれたことに、わたしは気づいた。だからこそ、みなさんと分かち合おうと思ったのだ。この対話のなかには、わたしたちが現在どんな位置にいるかについての容赦ない評価もかなり含まれているが、それは批判ではなく、わたしたちが何を見て何をするべきかを示す明かりとして差し出されている。

ありきたりな表現に聞こえるだろうが、個々のわたしたちにとって、そしてわたしたちの文明にとって、より良い明日は可能なのだ。わたしたちがそれを選びさえすれば、可能性は非常に大きい。この対話が明らかにしているとおり、わたしたちの決断ひとつなのである。本書を読んだ後、みなさんがその決断をしてくださることを願っている。

はじめに

二〇一六年八月二日、ぐっすり眠っていたわたしははっと目覚めた。わたしを起こしたのは、「いてもたってもいられない衝動」だった。その思いはよく知っていた。もう十年近く感じたことはなかったが、しかしよく知っていた。

何時なのかさっぱりわからなかったが、考えた。「もし四時二十三分だとしたら、それ以上に何のしるしが必要だろう」と。

ベッドわきのテーブルの時計に目をやった。

午前四時十三分。

もちろん、四時二十三分の「約束」のために起きるのにちょうどよい時刻だ。

わたしと神との最初の対話は、午前四時二十三分に始まった。そして、それから何週間か、わたしは毎朝四時十五分から四時三十分のあいだに内心の深い衝動によって目覚めることになった。さあ、対話に戻ろう、と。

このパターンは何ヵ月か（さらにその後、何年も）続いた。この時刻に何か意味があるのか、と不思議だったが、結局、そんなことはどうでもいいと思うようになった。

黄色い便箋《びんせん》に書きつづられた最初の神との対話が実際に出版されて本になったとき（そうなるだろうと対話のなかで言われていたので、思い切って出版社に原稿を送ってみたのだ）、これは何か重要なことが起こったのかもしれないぞ、と考えた。そして百万人以上のひとびとが本を手に取ってくれたとき、しかも三十七ヵ国語に翻訳されたとき、驚きとともに、やはりそうだと確信したのだった。

さらにその後、アメリカ以外の国々から講演の依頼が届き始め、わたしはパスポート申請のために出生証明書を探さなければならなくなった。しかし、どこを探しても見つからないので、出生地の役所に連絡し、料金を支払って、正式なコピーを送ってくれるよう、依頼した。

届いた封筒を開けて、書類を見たとき、わたしは仰天した。

出生時刻：午前四時二十三分

なるほど、そうだったのか。

この神聖なふれあいの経験が、いつでも、わたしがこの世に生まれ出た時刻に近い時刻に毎日始まっていたらしいという事実には、何らかの意味があるように、わたしには感じられた。少なくとも、この完璧な整合性は無視できないと思った。

それから何年か、午前四時十五分から四時三十分のあいだにはっと目覚めるたびに、天井を見つめ、あるエネルギーが身内に湧き上がるのを感じ、これから何が起こるのかわかったものだ。そこで、即座に起き上がり、ノートパソコンがあるところへ急いで、何が起こっても受け入れる態勢をとった。

二〇一六年八月二日、この日も同じだった。わたしは夜具をはねのけ、ベッドから出た。そして、キーボードに向かう。ただひとつ、わたしは再びこうなる日が来るとは思っていなかったのだった。

説明しよう。わたしたちはみな、わたしが「神との対話」と呼ぶことにした経験をつねにしている。

このことは、三千ページ以上に及んだ『神との対話』シリーズのごく初めのほうのページで明らかにされている。だから、わたしの経験はユニークでもなければ珍しくもない。少々ふつうでなかったのは、わたしが心の奥深くの出会いの記録をとり、それを出版社に送ったことだ――出版社はなんとそれを印刷し、本が書店に並んだのである。

わたしは、自分が（そしてわたしたちみんなが）つねに神との深くて個人的なつながりをもっていること、そして「聖なる存在（Divine）」と実際にコミュニケーションし、導きを、助けを、洞察を、支援を、何であれ望むものを求めていることを理解し、経験した。実際、この本の最重要ポイントはそこなのだ。この本は、あらゆる場所のひとびとが心を開いてその経験を受け入れるように、ひとびとが新たなもっと個人的な関係を神と結ぶようにと、世界に送り出されたのである。

だがこのときの、わたしは神と対話するに違いないという思い――そんな交流の「時が来た」という心の奥底から湧き上がる思いが伝える無視し得ないしるし――は、まったく別ものだった。それはどこかから襲来する感情で、もう十年近くも感じたことがなかった。だからわたしは、出会いはあれが最後だったのだろうと思っていたのだ。

自分がまた本を書くことはわかっていた。わたしはいつでも何かを書いているだろう。「ハフィントン・ポスト」のコラム。「神との対話コネクト」のブログ。フェイスブックの投稿。ウエブサイトの「ニールに聞こう」に寄せられる質問への回答。さらに、わたしが受け取ったメッセージを深く掘り下げて検討する本さえも。何かを書くはずだ。

しかし、またしても神との対話を記録する？　また「神性（Deity）」との対話のやりとりを行う？　もう、そういう時代は終わった、とわたしは思っていた。プロセスは完了したと思っていた。

わたしは、間違っていた。

神との対話　完結編●Conversations with God book4

目次

2——著者のことば
5——はじめに

第1章
16
たいせつなのは「起こるべき」とか「起こるべきではない」ということではない。何が——あなた個人の高度に個人的な経験と、人類と呼ばれる集団的な経験の両方で——起こっているのかだ。

第2章
20
自分から進んで、人類という種を目覚めさせようと感じるだろう。なぜなら、いまはほんとうに前進するのに絶好のときなのだから。

第3章
30
神の役割は、あなたがたに、
自分自身の現実を創造し、自分の未来をプロデュースし、
結果を生み出す自由と手段を与えることだ。

第4章
38
あなたがた人類は集団的な生をどのように生きるかという問題について、
「意図的」ではない。
あなたがたの多くは、言うことと行うことが違っている。

第5章
44
問題を知って、話し合うことは、あなたがたにとって祝すべきことだ。
なぜなら、問題と取り組み、ついに解決策を生み出すための
絶好の環境が生まれるということだから。

第6章
50
人類を目覚めさせようという招待を受け入れれば、
あなたがたは「自己」を変えることができる。
自己を目覚めさせる最速の方法は他者を目覚めさせることだから。

第7章
54
人類を目覚めさせようという招待を受け入れるにあたって、
あなたがたがひとりぼっちだと考える必要はない。

第8章 64
わたしのメッセージは何年も一貫している。
一貫していないのは、あなたの記憶のほうだ。

第9章 72
あなたがたは自分が何者かを知っている。
なぜなら、ここに来たのだから。

第10章 80
あなたがたはいま、物質的状態から非物質的状態への移行を「死」と表現し、
自分に起こる最悪のことだと思っている。
だが、その出来事は単に続いている進化のプロセスの一歩に過ぎない。

第11章 90
満たさなければならないと感じる欲望こそが、すべての苦しみの原因だ。
苦しみこそが、すべての暴力の原因だ。
苦しみをなくせば暴力も消えて、消失し、解体し、なくなる。

第12章 96
あなたがたの使命は、ほかのひとたちが知っていることを語ることだ。
そのひとたちはただ、
自分が知っていることを知らないのかもしれないから。

第13章

あなたがたを待っているのは、壮大なチャンスだ。
それが水平線のすぐ向こうにあるのだよ。

第14章

生命のあらゆる部分に基本的な知性が吹き込まれている。
宇宙のあらゆる細胞、あらゆる粒子、あらゆる分子以下のレベルの要素に。

第15章

欲求は意図の創造者。意図は思考の創造者。
思考は行動の創造者。行動は結果の創造者だ。

第16章

自己破壊的な行動を眼前にしながら手をこまねいているのは、
自分自身を大切にしない、あるいは理解していないために
自分を傷つけるのをやめようとしない知覚ある生物の特徴だ。

第17章

表現したくないような考えが心を通り過ぎたら、ただちに心を変えること。
もし、ネガティブな考えが一瞬ちらつく経験をしたとしても、
決してそれを再考しないこと。

第18章 132
正義は「反応」ではなく、「行為」だ。

第19章 140
地球上の社会の機能のあり方を一夜にして変えることはできないが、
ひとりひとりが目覚めた種の基本的な資質を示し、
手本となることは、すぐにできる――真っ先に行くことによって。

第20章 148
あなたがたには、身を守る理由は何もない。
なぜなら、誰にもあなたがたを――物理的、感情的、経済的、
あるいはほかのどんなやり方であれ――攻撃する理由がなくなるのだから。

第21章 156
人類はまだそこまでいっていない。
だが、ますます気づくようになっているし、
一歩一歩進んではいる。

第22章 162
あなたがた人類が「死」と呼ぶ人間の経験が、
当人の超意識的意志を
踏みにじるかたちで起こることはあり得ない。

第23章 170

あなたは、自分がすでに目覚めているという事実に目覚めつつある。
それは、決して小さなことではない。
いわば、始まりの始まりだ。

第24章 176

すべての人間はいつでもわたしと対話している。
ただ、そう「公言」しないか、
馬鹿にされたりのけ者にされるのを心配して、べつの呼び方をしているだけだ。

第25章 188

あなたは夜空を見上げて、
なんだかなつかしい気持ちになったことはないだろうか？

第26章 198

大切なのは、
人間たちが「ほんとうの自分」に関する目覚めを我がものにすることで、
誰かの目覚めで代用することではない。

第27章 206

死は存在しない。
あなたがたは存在をやめることはなく、ただかたちを変える。
実際、あなたがたが「死ぬ」とき、あなたがたはもっと拡大する。

第28章 214
時間が幻想であることを受け入れ、
「時間がない」ことに制約されたり、くじけたりしないこと。
「まだまだ時間はたっぷりある」と考えて、やる気を失ったりしないこと。

第29章 224
何事も順番に起こっているのではない。
すべては同時に起こっている。

第30章 232
何かを考えたり、言ったり、したりする前に、あり方を選びなさい。
人生はあなたがこれからしようとすることとはあまり関係がなく、
そのときにあなたがどんな状態であるかということと大きな関係がある。

第31章 242
自由とは、望むものを得ることではなく、
得ているものを望むことだ。

第32章 250
「死」と呼ぶものの後に、あなたがたは「ほんとうの自分」を生きて、
「わが家」と呼ぶところへ戻る。
まず、愛したすべてのひとたちと再会し、それから「すべてであるもの」と一体になる。

装丁　坂田政則／編集　青木由美子／編集協力　鷗来堂／DTP　J－ART

1

また、こんな日が来るとは思ってもいませんでした。このプロセスは完了したと思っていたのですから。

まだ、することがあるのだよ。招待はもうひとつあるのだ、親しい友よ。

すでに、二つは受け取っていますよね。ひとつは神についての世界の思い・考えを変えること。もうひとつは、ひとびとを自分自身に返してやること。そうでしたよね。

そのとおり。まだ、三つめの時機ではなかったからね。

いま、その時機が来たと？

いま、その時機が来たのだ。

なるほど、それで三つめとは何ですか？　そして、それが最後の招待になるのですか？

そうだ。これが最後になるだろう。ところで、これらの招待はあなただけに宛てたものではない。すべてのひとに宛てたものだ——ただし、全員が受け入れるとは限らないがね。受け入れるひとたちは、それを自らのアイデンティティとするだろう。

メッセージがわたしだけに宛てたものではないことは、いつでもわかっていましたよ。最初の二つの招待についても、それはいつも理解していました。

さて、今度は三つめの、そして最後の招待だ。なぜなら、いまはあなたがたの星では、前進するのに絶好のとき（Perfect Time for Advancement）だからね。

それは、ほんとうにわくわくする話だなあ。なにしろ、いまはその正反対だという感じがありますからね。だって、わたしたちの文明は後退しているように思えるんです。わたしたちはますます非文明的になり、不寛容になり、自分たちのやりたい放題を（怒りはもちろんのこと）コントロールする力を失って、自分たちの性質のなかのより良い善なる部分にアクセスできなくなっているように思えます。

あなたがたにそれが見え、それを経験しているのが嬉しいよ。なぜなら、あなたとあなたのまわりに起こっていることに注意を払っているなら——そして、それに対応していかなければならないと心の奥底で感じていることを実行するなら——心配することは何もないから。

そうですか。わたしには良い状況には思えませんがね。でも、自分がものごとについて勝手な判断をしているのかもしれないし、明確に見えていないのかもしれない。わたしが言いたいのは、この星のうえでは起こるべきでないことがたくさん起こっているんじゃないか、ってことです。

たいせつなのは「起こるべき」とか「起こるべきではない」ということではない。何が——あなた個人の高度に個人的な経験と、人類と呼ばれる集団的な経験の両方で——起こっているのか、それから、最悪だと感じているらしい部分を、どうすれば変えられるのか、それもどちらかと言えば劇的に変えられるのか、ということだよ。

いまは、あなたがたがその変更を始めるのに絶好のときなのだ。なぜなら、いま——環境面で、政治の世界で、経済界で、社会で、そして霊的《スピリチュアル》に——起こっていることは、どうすればそれが実行できるのかについて、明白で間違えようのない、議論の余地のない、まったく曇りのないシグナルをあなたがたに送っているのだからね。

だからこそ、いまは三つめの招待のときなのだよ。

なるほど。わかりました。お聞きしましょう。わたしたちの用意はできています。それは何なのですか？　三つめの招待とは？

人類という種を目覚めさせることだ。

2

ふうむ、それは野心的過ぎるほどでもないかな。

神にとって、野心的過ぎることがあるだろうか？

わたしが言ったのは、自分にとってです。

わたしが言ったのも、同じだよ。

そうか、おっしゃる意味はわかります。

そうかな？　あるいは、あなたは自分が何者であるかを忘れていたのではないかな……？

いや。ううん、そうですねえ……。自分がそんなふうに行動していない、という意味では、そうかもしれない。つまり、頭では神が自分のなかに宿っていること、自分が聖なる存在の個別化であることを理解しているのですが、ただ、機能としてはそれを経験していないんです。

それでは、これから始めたらいいのではないかね。

それは、言うは易く行うは難し、だなぁ。

そう言っているあいだは、それが真実ということになるだろう。しかし、あなたは自分自身を目覚めさせるまでは、人類という種を目覚めさせることはできないのだよ。

わかっています、わかっていますが……できるだけの努力はしているんです。

もっと努力しようと思ってみてはどうかね。「前進するのに絶好のとき」なのだから。

そこを強調していらっしゃいますね。

それでは、もっと努力してみるかな？　あなたがたすべてが、だが。

ほかのひとのことはどうこう言えませんが、わたしはやってみますよ。どうすればもっと早く目覚められるのか、教えてください。どうすればいいのかを知りたくない者なんて、この地上にはいませんよ。

もっと早く目覚めるための最速のやり方は、誰かがもっと早く目覚めるための原因・きっかけになることだよ。

でも、自分が目覚めていないとしたら、どうすれば誰かが目覚めるための「原因・きっかけ」になれるんですか？

そこが興味深いところだ。それは神聖なる二分法と呼ばれる——明らかに矛盾する二つの真実が同時に同じ場所に存在する場合だね。

さて真実は、あなたは目覚めているが、自分が目覚めているのに気づいていないということだ。だから、その意味ではあなたは目覚めていない。

あなたは自分が目覚めているという事実に目覚めて**いない**。それで、自分が目覚めて**いない**かのように感じている。

もうちょっと、わかりやすく教えていただけますか？　なんだか、堂々巡りをしているような気がします。

真夜中に物音を聞いて、これも夢の一部だなと思ったのに、ほんとうは目が覚めていると気づいて、びっくりしたことはないかな？

ありますよ。誰だってあるでしょうね。

ほら、わかっただろう。

なるほど。それではわたしは目覚めているが、まだそれを知らないだけだ、としましょう。自分が目覚めていることに、どうすれば気づけるのですか？

悪夢に怯えて目が覚めたことはないかね？

それもあります。誰にでもある経験でしょうね。

あなたがたはいま、地球上のある種の状態、まるで悪夢のようなことがらに怯えて、目が覚めたのだよ。あなた自身が、自分たちは後退しているようだ、と言ったね。

世界のことだけではなく、自分の人生についても、ときどきそう感じます。

それが見えているのは、とても良いことだ。自分が目覚めていることを知る原因・きっかけになるだろう。それに、これは悪い夢であるだけでなく、もうあなたがたが選びはしない現実なのだから。あなたがたは何が起こっているかを、日々、ますます意識するようになっている。それが、自分は

何者であるのかを思い出すのに役立つだろう——そして、自分らしく行動し始める動機になるだろう。

いまここで起こらなければならないのは、それだけだ。**目覚めて、**あらゆる悪夢のような状態に終止符を打ちたいと感じているあなたがたすべてに必要なのは、それだけだよ。要するに、すでに目覚めているという事実に、そして周囲のあらゆる場所で起こっていることについて何かができるという事実に、目覚める必要があるだけなのだ。


自分に世界を救う試みができるかどうか、自信がありません。


世界を救うという話ではない。あなた個人の霊的な旅のことだ。あなた個人の進化の話だよ。生まれてからこれまでなかったほど、最高に心が躍り、熱中してしまう経験になる可能性があるのだよ。それに、確かに世界も変わるだろうし、これからはほんとうの自分らしく行動しようというあなたの決断によって世界も「救われる」かもしれない——だが、肝心なのはそこではない。

肝心なのはあなた個人の進化だし、あなたが世界を歩み、経験していくなかで起こすあらゆる変化の目的もそこにあるのだよ。

「ほんとうの自分が何者なのか」を示したいというのが、あなたの望みなら——そして、それを実行する方法のひとつは、他者たちの苦しみに終止符を打つ助けをすること、地球に癒しをもたらすこと、愛するひとたちの未来に前向きな影響を与えることなのだが——あなたは「荷が勝ち過ぎる」とは感じないだろうし、それどころか、前進するのに絶好のときに人生が示してくれたチャンスを喜び、わくわくするだろう。

三つめの招待とは目覚めさせること、あなたの個人的な進化のプロセスの一部として、人類という種の多くのメンバーを、すでに目覚めているひとたちを、自分が目覚めているという**事実**に目覚めさせることだ。それから、その事実にあった行動をしようという気を起こさせること、お手本となり、まだ眠っているひとたちにも目覚めた者らしい行動をしようという気を起こさせることだ――それもこれも、あなたの個人的な進化がそうせよと呼びかけているからなのだよ。

ありがとうございます。「わかって」きましたよ。しかし、まだ、ぬぐいきれない疑問があります。多くのひとたちがすでに目覚めているなら、どうして、そのひとたちはそれらしく行動しないんですか？　そのひとたちのうちひとりも――ただのひとりも――自分が目覚めていることを知らない、とおっしゃるのですか？　全員が、ときには悪夢のように感じる地球上の「今日の出来事」を前に、まだ自分はただ「夢を見ている」だけだと考えているんでしょうか？

いや。彼らの多くは起こっていることが現実だと知っているし、自分が何者であるのかも、人類という種の残るひとたちを目覚めさせるためにはどうすればいいのかも、知っている。

なるほど。でも、まだ疑問がぬぐいきれないのですが。多くのひとたちが自分が目覚めていることを知っているなら、なぜ、世界はこんなふうなのですか？　わたしは毎日、どんな意味にせよ、ぜんぜん「目覚めた」者らしくないことを行い、言い、考えています。もし、おっしゃるように、自分が目覚めていることを知っているなら、どうして、わたしはそんなふうに行動するのでしょうか？

なぜなら、目覚めていること、そして自分が何を知っているかを知っていることと……知っているすべてを人生に充分に融合させること……は、別ものだからだ。

ときには——とくにごく若くて行動が未熟なときには——自分が知っていることを知らないふりをするほうが、より魅力的なのだ。あるいは、知っているという事実をただ無視するほうがね。

そして、ときには単純に忘れている。

お父さんに言われたことはないかな。「まずいとわかっているのに、どうしてそんなことをするんだ？」と。

もちろんです。百回も言われましたよ。

それでは、これが百一回目だね。

いいかな。あなたがた人類という種はとても若い。子どものようなものだ。あなたがたは宇宙の幼児だよ。だから、身のためにならないとわかっていることをあちこちでしている。なぜなら、そのときにはそのほうがおもしろそうに見えるから。あるいは、単純に言われたことを忘れているから。

それが、地球上の人類という種の集団的な経験の物語だ。それに、個人としての経験でもそうしているね。**まずいとわかっていても。**

あなたがたは、他者の身のためにならないふるまいを見ているだけではなく、実際に自分自身がそういうふるまいをしている。

しかし、もうそんな子どもっぽいふるまいはやめたほうが身のためだろうね。

わかっています。

あなたがわかっているというのは、わたしにもわかっている。それを、いままで話してきたのだよ。これまではわかっていなかったひとたちも、いまはわかったはずだ。人類という生まれて間もない種の最も未熟なメンバーにとってさえ、目をつぶっていられないほど、気づかないでいられないほど、知らないふりをしていられないほど、ことはあまりにも明白だからね。

それなのに、あなたがたはまるで**知らないかのような行動**を続けている。知っていることを取り入れてはいない。つまり、あなたがたは知っているが、しかし知っていることを**知っている**ように行動していないわけだ。あなたがたは自分が何者で、何が真実かに目覚めているが、行動はそれを反映していない。あいかわらず、夢遊病者のように行動している。

さて、壁にぶつかったり崖から転落するのが嫌なら、自分がすでに目覚めているという事実に目覚めたほうがいい。地球上の悪夢のような状態のいくつかは夢ではないということに、目覚めたほうがいい。そして、いまこの日こそが、あなたがたの**進化のなかで前進するのに絶好のとき**であること、それがあなたがたの「でっちあげ」でもなければ、空想でもないことにもね。

そうか！　何度も繰り返してくださって、ようやく納得しましたよ。理解しました。いま、本を読んでいるひとたちにも、きっとわかったはずです。これは、すべてのひとにとって良い知らせですね。

そのとおり。わたしはこうして強調しているし、何度も繰り返している。

あなたがせずにはいられないと感じたこの対話全体が、ほかの対話でわたしがあなたに語ったことの繰り返しになる。

あなたはこれからもう一度聞くだろうし、今度はその**すべて**に納得するだろう。あなたが**「充分なる融合（full integration）」**に向かって進んでいくにつれ、すべてが調和してまとまるだろうし、そうなれば、**三つめの招待**を自分から進んで受け入れられると感じるだろう。

自分から進んで、人類という種を目覚めさせようと感じるだろう。なぜなら、いまはほんとうに**前進するのに絶好のとき**なのだから。

3

どうして、そんなに気遣ってくださるんですか？　神は俗世のことがらについて、はっきりした立場をとらないと思っていたのですが。

あなたはいま選り好みをしていて、わたしの人生や地球上のほかの生命すべてがどうなるかについて深く懸念している、とおっしゃるのですか？　もしあなたがほんとうにこの宇宙の神であるなら、そして選り好みをしておられるなら、どうして欲求を実現なさらないのですか？

これが適切な質問だといいのですが。だって、なかには戸惑うひとたちもいると思うんですよ。

すべての疑問は適切な質問だよ。あなたのチャンス（それに、**自分の**進化の旅の一環として、他者の進化の道を助けるべきだ、と思っているひとたちすべてのチャンス）とは、第一に自分のふるまい方によって人類という種を目覚めさせるために、できることをすることなのだ。それがあなたがたがすることであり、世界における**あり方**であり、ひとびとを揺すぶって目覚めさせ、自分自身の可能性に気づかせることになるだろう。

重要性としては二の次になるが、やはり価値あることは、あなたがほかのひとたちに何を言うか、だ。広く受け入れられていなくても、多くのひとたちがもっと明晰になる道を開くのに役立つ言葉や思考、アイデアを分かち合う勇気をもつことだ。

さて、さっきの疑問に答えよう。わたしは、あなたが人類という種を目覚めさせることを「求めて

(want)」はいないよ。ほかの何事であれ、「求めて」いないようにね。そこははっきりさせよう。神は何も「求めて」いない。神は、求めることはなんでも実現できる。

だが、神にも「望み」はある。創造のエンジンの燃料は神の望みだ。宇宙のパワーは「聖なる望み(Divine Desire)」なのだよ。

わかりました。それでは「望み（desire)」という言葉を使うことにしましょう。もし、人類が目覚めることが神の「望み」なら——それは人類を維持し、より良くするためだとわたしは思っているのですが——そうなることに、ちょっとでも疑問があるのでしょうか？

神の望みは、特定の結果が起こることではなくて、神の宇宙にいる知的な存在が自分たちの欲求するものを創造する充分な力をもつことだ。

宇宙の知的な存在すべてが神の指令どおりにするしかできないとしたら、あなたがたは機械だらけの宇宙で生きることになるだろう。**自動装置、ロボット、アンドロイド**だらけのね。

それでは、そもそも神が知的な存在を創造した目的自体が裏切られてしまう——その目的とは、神が神それ自身を経験することなのだから。つまり、**「自由意志をもった自らの経験の創造者」**として、だ。

神は**創造者**であり同時に**被造物**であると理解することがとても重要だ。この二つに分離はない。

知っています。神でないものは何もない、ということは、わたしにはとても明白です。

まさにそのとおり。だから神は、それ自身のすべてに指令に従うことを求めるのではなく、まさにその正反対の方法で「創造」行為を経験する。つまり、被造物すべてに、望むことは何でも創造できる力を与え、創造させることによって。

そこで**「神の部分たち（Parts of God）」**は**「全体（The Whole）」**の基本的な性質を示す。**自由だ。**

「純粋な創造者（Pure Creator）」だけに可能な、なんの限度も制約もない創造という絶対的な自由だ。

これが知的な存在すべてに与えられている力だ。人間たちに与えられている力だ。

さあ、これで理解したかな？　**わたし**の望みは人類が充分に目覚めることではない。**わたし**の望みは、「あなたがた」がなんであれ望むものをいつでも有し、創造し、表現し、経験する力をもっていることだ。あなたがたの望みが目覚めていることなら、すばらしいね。目覚めていないことなら、それもけっこう。わたしには選り好みはない。あなたがたが自分の好みを実現すること以外には。

それでは、どうして「あなた」が「三つめの招待」を指し示されたんですか？　わたしたちがあなたのもとに赴いたのではなくて、あなたがわたしたちのもとを訪れたように感じるんですが。

だが、**あなたが**わたしを訪れているのだよ。あなたがわたしに頼んだのだ。あなたがた**すべてが、**助けてくれとわたしに頼んだのだ。あなたがたが考え、口に出し、祈るすべてが、人生を変えたいと願っていると告げている。また、地上での生命／人生を違ったものにしたいと願っている、と。

それがわたしに聞こえないとでも思うのかな？

明らかなのは、あなた自身の生命／人生、そして人類の生命／人生がもっと良いほうへ**変わる**唯一の方法は目覚めることだ、ということだ。だから、目覚めが課題になる。

しかし、これは**あなた**の課題、**あなた**の祈りであり、**あなた**の求めだ。わたしの役割は単に、あなたがたが望むものを創造する力を与えることだけだよ。

それが、**「三つめの招待」**をあなたに提示した理由だ。

すみません。それでもまだ、「招待」とはあなたがわたしたちに手を差し伸べることのような気がするのですが。

その質問にも答えよう。だが、まずはあなたが答えてほしい。なぜなら、この対話を読んでいるひとたちは不思議に思っているかもしれないからね。どうして、あなたにとって、このすべてがそれほど重要なのだろう、と。どうしてあなたは、「誰が誰に頼んだのか」ということに、それほど時間を費やすのだろう、と。

なぜなら、あなたがわたしたちを訪れたのなら、チャンスというよりは命令だと感じるひとたちもいると思うからです。招待ではなくて、指令みたいなものですね。わたしは、あなたが「指令」を発したり「命令」したりしないことを知っていますが、ひとによっては、この招待を、映画『ゴッドファーザー』のドン・コルレオーネの言葉と同じだろうと感じるかもしれません。「彼に断ることのできない提案をしようと思う」という、あれですよ。あなたをマフィアと比較しているんじゃないですよ。でも……つまるところ……誰が神にノーと言えますか？

現実に、とても大勢が言っているよ。

なるほど。言わなきゃよかったかな……でも、ほんとうに聞きたいのはこういうことです。これは神からの「指令」ですか？　わたしたちはいま、命令されているんですか？

いや。あなたも指摘したとおり、わたしは誰にも何も「命令」しない。そんな必要はまったくない。こう考えたらどうかな。友人か愛するひとが、あなたのうちのドアを叩く。それはあなたが彼らのところへ赴いたということだろうか、それとも*彼ら*が訪れたのだろうか？

もちろん、彼らが訪れたのです。

そして、あなたがドアを開けて、お入りと招き入れるなら、それは命令だろうか、それともドアをノックしたひとたちへの愛ある対応だろうか？

すごい。とってもいいたとえですね。すると、わたしたちがあなたのドアを叩いたとおっしゃるんですね。

親しい友よ、あなたはドアを叩き壊したも同然だよ。あなたが、それに人類の半数がね。人類の最大の叫び声が聞こえないかな？

「わたしたちを助けてください！　誰か、どうかお願いだから、わたしたちが変われるように助けてください」

ええ、わたしにも聞こえます。わたし自身の内心から上がっている声だ。聞こえますとも。

だから、わたしは**「三つめの招待」**を提示したのだよ。

でも、まだこう言いたい人がいるんじゃないかな。神はあなたであって、わたしたちじゃない。人類を目覚めさせよと人間を誘う代わりに、あなたがさっさとそうしてくださればいい、って。

それでは、そのひとたちに何度でも繰り返しなさい。神の働きとは、**あなたがた**が実現したいと願うことを実現する力を与えることで、あなたがたのためにそれを実現することではない。

わたしの役割は、あなたがたに、自分自身の現実を創造し、自分の未来をプロデュースし、結果を生み出す自由と手段を与えることだ。

肝心なのは、**あなたがた**に創造者の役割を持たせ続けることだよ。

わたしは、人間たちを単なる流れ作業の労働者にして、わたしの設計どおりのものを組み立てさせようと思ったことは一度もない。最初からわたしの意図は、あなたがたを製図台に向かわせて、あなたがた自身に設計させることだ。

それでは、あなたが流れ作業台に向かって、わたしたちが設計したものを組み立ててくださるんだ！

今度はわたしが言おう。「とてもいいたとえ」だ。

流れ作業台は、設計者がアイデアを現実化する手段を与えてくれる。ただし、この場合、多少の制約はあるよ。わたしは工場全体を吹き飛ばすようなパーツを組み立てはしない。

もちろん、これもたとえ話だがね。

それでは、わたしたちがこの地球上の生き方を終わらせてしまう可能性もあると……

……それがあなたがたの選択なら……

……でも、わたしたちは「流れ作業台」を分解することはできません。ローカルな現実に影響を与えられても、究極の現実（Ultimate Reality）に影響を与えることはできません。

そのとおり。わかったようだね。理解したね。

すると、さっきのたとえで言えば、わたしたちの製図台に火をつけないほうがいい、とおっしゃっているんですか？

そのとおり。そして、いまはあなたがたの一部——少数ではあるが、しかし危険をもたらすには充分な数のひとたち——がマッチで火遊びする子どものようにふるまっていることに気づくことだ、とね。

う〜ん。

そうだよ。だが、だからこそ「前進するのに絶好のとき」なのだ。

なぜなら、わたしたちは熱さを感じ始めているから。

いいたとえだ。そこで……同じたとえで言うなら……あなたがたは熱さを感じていて、まだマッチを彼らの手から取り上げることができるのだよ。

4

わたしたちの行動を見ていると、そうは思えないかもしれない。それは知っていますが、人間たちは、ほんとうは生き延びたいと願っているんです。だから、助けを求めているんですよ。ほとんどの人間は「生存」が基本的な本能だと言います。

じつは、生存はあなたがたの基本的本能ではない。もし、あなたがたすべてが基本的な本能に従うなら、人類の生存は問題にはならないよ。それは保障されているのだからね。

わかっています。

人間の基本的な本能とは、あらゆる人間の**「真のアイデンティティ」**を──つまり、**「神性」**を表現することだ。

人間らしい言葉で言えば、**「純粋な愛」**だね。どんな条件もなく、どんなコストを払っても表現される愛。

それが基本的な衝動で、だからこそ、ひとは赤ん坊の泣き声を聞けば、逃げ出すのではなく、燃えているビルのなかにさえ飛び込む。

最高のレベルでは、最も差し迫った決断をしなければならない瞬間に、ほとんどのひとは赤ん坊の泣き声を聞きながら、自分の生存を秤にかけて立ちどまったりしない。**「真の性質」**にあったことを実行するのだよ。

そんな瞬間に、あなたがたは存在が停止する道などあり得ないことを理解する。あなたがたの霊(spirit)、**あなたがたが何者なのか**というエッセンスは、いつまでも永遠に生き続けるだろう――そしてあなたがたもいちばん深いところではそれをはっきりとわかっている。だから生存は問題ではなくなる。問題はあなたがたが生き続けるかではなく、どのように生き続けるかなのだ――これから二十年であろうと二十分であろうとね。

さて、あなたがたがこれから二十分よりもっと長く、現在の物質的なかたちで生き続けたいと強く願っているのはほんとうだが、無条件の愛を体現し、**「神性」**を表現したいという基本的な本能がそれを凌駕《りょうが》する。

残念ながら、人類のあらゆるメンバーが人生のありきたりな瞬間にこのレベルの明晰さを経験するわけではない。それどころか、経験するひとたちは非常に少ない。

人生という迷宮では簡単に道に迷ってしまう。ほんとうにせっぱつまった瞬間にだけ、「いよいよという」ときにだけ、ほとんどの人間は「頭がどうかしてしまった」かのように行動する――実際にそうなのだからね。そのひとたちは、頭で考える代わりに魂の衝動に従うのだ。

もし、人間があらゆる瞬間に魂の衝動に従うなら、一夜にして地上に天国が生まれるでしょうね。毎日のあらゆる瞬間を「ビルが燃えている瞬間」として見れば、簡単にそうなるだろうなあ。要するに、即座に楽々と、自分の性質のなかのより善良な天使にアクセスする瞬間ですね。

それが、人類を目覚めさせる助けをすることを選んで、自分のアイデンティティにしたひとすべてが、これからしようとしていることだよ。そのひとたちは、あらゆる瞬間に魂の衝動に従うだろうし、ほかのひとたちにもそうするように励ますだろうし、どうすればいいかを示す手本になろうとさえするだろう。

だが、思い出してほしいが、あなたがた人類はとても若い種だ。なぜ地上にいるのかを理解しているひとも、神とともにある永遠の生の意味を受けとめているひとも、そう多くはない。

そもそも、何らかの種類の永遠なる生命があるはずだと想像するとき、たいていのひとは永遠なる褒美か罰というかたちだと思い込んでいる。神の王国を成果主義だと見ているからね。だから、ひとびとは褒美か罰かという世界を創り出してきた。**究極の現実（Ultimate Reality）**をまったく間違って理解し、その誤解を物質的現実に反映させてきたのだよ。

そうです、そうです、わかっています。わたしたちは、以前もこれまでの対話でそういう間違った思い込みについて話しましたよね。

それでは、さっき指摘したポイントに戻ろうか。あなたがたのほとんどは、人類が現在の物質的なかたちで存在し続けることを願うだろう、ということだ。

あなたがたは、子どもたちにもそのまた子どもたちにも、あなたがたと同じチャンスを与えたいと思っている——このすばらしい物質的な星を、特別な美しい環境を、そしてこの特定の生の表現を経験する機会をもたせたい、とね。
ところが皮肉なことがある。あなたがたは人類がこの生き方を続け、もっと良くしていくことを望んでいると自分自身にも言っているのに、多くのひとたちはそれをとても難しくするような行動をしている。

意図してではないんですが。

そう。意図してではないね。だが、そこが肝心なのだ。あなたがた人類は集団的な生をどのように生きるかという問題について、「意図的」ではない。あなたがたの多くは、言うことと行うことが違っている。
それが、人類が直面している最重要問題なのだよ。もし、人類として、**ほんとうに**この前進するのに絶好のときにめぐりあったことを活用し、すばらしくも心地よいこの物質的なバージョンでの存在を続けたいと望むならね。

そして、わたしたちはいまここで、少々、助けを求めているんですね。なぜなら、わたしたちの「物質的なバージョン」は、人類の多くのメンバーにとってあまりすばらしくもないし、心地よくもないからです。
わたしたちがこの地上ですべてのひとにより良い暮らしを創造するために実現してきたシステムの大半は、想定した結果を生み出していません。

たとえば、政治システムは不和と混乱を作り出し続けています。経済システムは貧困を増やし、大々的な不平等を作り出し続けている。保健システムは現代医療や保健サービス利用の不平等を根絶するにはほど遠い状態です。社会システムはますます不一致や不均衡を生み出しているし、不正がはびこっていることは言わずもがなです。

そしていちばん悲しいのは、わたしたちの霊的システムもまた、あまりにも多くのやり方で、あまりにも多くの場所で、むごい正義や衝撃的な不寛容、広範な怒り、根深い憎悪、自己正当化する暴力を生み出していることです。

あなたがたはすでに目覚めている、とわたしが言う意味がわかったかな？　あなたがたはここで、ものごとを明確に観察している。もちろん例外はあるが、あなたの全体的な判断が正確であることはどこを見ても火を見るより明らかだ。

5

わたしが指摘したいのは「何が間違っているか」、それだけなんです。話したいのは、わたしたちの集団的意識を引き上げるだけで、ものごとを変えられる、それがどれほど簡単か、ということなんですよ。

それは簡単だろうね。じつに、簡単だ。

だが、変えたいのは何なのかがわからなければ、「ものごとを変える」ことはできない。だから、何がうまくいっていないのかを議論することはとても有益で、ひととして改善したいと思うことは何なのかがわかってくるだろう。

これは、「悪いことは見ないし、聞かないし、悪いことについては話さない」という考え方をして、ふつうはそういうことを見ていないひとたちには、とくにあてはまるね。

そうですね。でも、大勢のひとがこう弁解するのが、目に見えるようですよ。「ちょっと、待ってくれ！　わたしたちはとても大きな進歩を遂げてきたんだよ！」と。そのひとたちは、人類がどれほど進歩してきたかを見るべきだ、と言うでしょうね。そして、ものごとは昔ほど悪くはないという評価は正しいでしょう。

それでは、あなたはそのひとたちに何と言うのかな？

こう言うでしょうね。「そう、だが、それだけでいいのか？　グローバルな経験について言えるのは、それでせいいっぱいなのか？　『昔ほど悪い世の中ってわけじゃない！』って。少なくともわたしたち人類はついに文明化した、と言いたくはないか？」

それから、そのひとたちに判断してくれと頼みますね。そして、あまり多くのひとが知らない――あるいは考えていないことを指摘します。それとも、考えたくないことを。

たとえば？

たとえば、この二十一世紀、いまも電気が使えないひとたちが十五億人以上いる、という事実です。そしてもっと大勢の、十六億人以上のひとたちがきれいな水を利用できない、という事実です。さらにもっと多くの、二十五億人以上のひとたちにはトイレがない、という事実です。

こういうことのなかには、ただ不便だろうなと思われることもあるでしょうが、しかし、こういう状態はとても大きな意味をもっているんです。この地球上で、毎日一万九千人以上の子どもたちが、マラリアや下痢、肺炎など予防できるはずの病気で死んでいます。

それから、こういう問題もあります――わたしたちが本気になれば、一夜で解決できる問題なんですが。地球上では毎時間、六百五十人以上の子どもたちが飢えて死んでいるんですよ。

いっぽう、世界の最富裕層の八十五人は、三十五億人――地球上の人口の半分ですよ――をあわせたよりも多くの富をもっているんです。
それのどこが悪いんだ、この数字はその前に指摘したことと関係ないじゃないか、というひとたちも大勢います。
「それじゃ」とわたしは、そんな弁解に対して言いたいですよ。「あなたはどう考える？　これで人類は文明化したと言うのかね？」と。

そして、そのひとたちは何と答えると思う？

そうですね。実際にこういう議論をしたことがありますが、多くのひとたちは自己防衛しようとしますね。世界の富や資源の相当部分を保有したりコントロールできる階層にいる少数のひとたちならば、とくに。
そのひとたちは、「持てる」者は「持たざる」者に多くをもたらそうとベストを尽くしている、と言います。そして、その大半とは言わないまでも、多くはほんとうにベストを尽くしてきたんですよ。問題は個々人ではなく、社会の制度なんです。「システム」がどうできあがっているか、です。経済の構造と仕組みなんですよ。

あなたがた人類はまだ若くて、いまも道を探そうとしている。

その結果、単に共存する道を生み出すことすら不可能らしいグローバル社会で、まだ大量破壊兵器を造り、実際にそれを使用する危険があるにもかかわらず、大勢のひとたちが、人類は「文明化」したと言うわけです。そして、わたしは疑問に思い続けているんですよ。それが文明化か？

いまも人間を故意に殺すことはよくないと人間たちに教える手段として人間を故意に殺し続けている、という事実にもかかわらず、人類は「文明化」したと言うひとたちが大勢います――そして、わたしたちはその矛盾に気づかない。だから、わたしは疑問に思い続けているんです。これで筋が通るのか？

まだ、愛情あふれる神は相手を大切に思う同性どうしの婚姻を望まない、と主張し続けているにもかかわらず、人類は「文明化」したと言うひとたちが大勢います――それどころか、男女であっても、人種が、宗教が、部族が、文化が違っていれば結婚はダメだと言うんです。だから、わたしは疑問に思い続けているんです。それが、わたしたちが考える愛なのか？

ほかの生き物を残酷に殺して食べている事実にもかかわらず、その生き物たちはどんなふうに育てられて殺されるかについて「苦しむ」ほどの自意識をもっていない、というふりをして――たとえ苦しんでいるとしても問題ではない。なぜなら人間は彼らを支配し、好きなときに好きなように扱えるのだから、と言って――人類は「文明化」したと言うひとたちが大勢います。それで、わたしは疑問に思い続けているんです。それが、わたしたちが人間らしいと考える人類なのか？

まだタバコを吸ったり、発がん性物質とわかっているものを摂取している事実にもかかわらず、大勢のひとたちが自分自身の行動で苦しんでいることを無視し、アルコールやドラッグを乱用して、だいじょうぶだ、そんなものはうまく扱えるというふりをし――じつは、まったくうまく扱えず、そのために**人格**や**存在**の根源が変わってしまうのを目にしながら、それでも人類は「文明化」したと言うひとたちが大勢います。だから、わたしは疑問に思い続けているんです。それが、わたしたちの知性の物差しなのか？

そういう状況が避けがたいほど明確に、劇的なほど明らかに示しているのは、だからこそ、**いまは前進するのに絶好のとき**だ、ということだ。

五十年前――いや、二十年前でさえ――インターネットが爆発的に広まって、ソーシャルメディアによって世界が爆発的に近くなる前は、そのような状況に気づいているひとははるかに少なかった。

何をおっしゃりたいのか、わかります。いまこそ、人間がこうしたことについて、ほんとうに何かができる「機が熟した」んですね。だって、いまでは誰でも知っています。「誰でも」――あちこちで活動する組織のひとたちや、学術機関、政府職員だけではなく――問題は何なのか、そしてどれほど広くはびこっているかに気づくことができるんです。住人が進化したつもりでいるこの地球上で、二十一世紀になって四半世紀が過ぎても、まだ十六億人がきれいな水を使えないなんて、想像できますか？

それでは、自分が知らない問題は解決できないことがわかったのだね――問題を知って、話し合うことは、あなたがたにとって祝すべきことなのだよ。なぜなら、問題と取り組み、ついに解決策を生み出すための絶好の環境が生まれるということだから。

そのとおりです！　言い方を変えれば、必要は発明の母、ってことですね。

人間たちの企てが宇宙で最も成果をあげる喜ばしい生の経験のひとつになるだろうと、大きな希望が湧いてきましたよ。あとは、わたしたちの「決断ひとつ」でそれが実現するんですよね。

それでは「決断ひとつ」というその決断は、何だろうね？

6

わたしは「ほんとうのわたしたちとは何者なのか」という現実について、心をオープンにして、真剣に、何の制約もなしに、探究しよう――それから心をオープンにして、楽しく、留保なしに受け入れよう――と決断すれば、人類全体のグローバルな経験を変えられる、そういうことだと信じています。

すばらしい表現だ。そして、あなたがた個々人の進化の過程に関連しているのだから、それはとてつもなく影響の大きな決断になるだろう。

思い出してほしいが、わたしたちがここで話し合っていることは、世界の状況を変えるだけでなく、あらゆるひとの個人的な人生の状況も、日々の経験の状況も変えることなのだよ。実際、以前にも指摘したように、これはあらゆることの出発点だ。ここから、あらゆることが始まる。

三つめの招待は、ひとびとの個人的な人生がどうなるか、どう感じられるか、そして（人生の）次の表明として何を提示するか、ということにかかわっている。

人類を目覚めさせようという招待を受け入れれば、あなたがたは**「自己」**を変えることができる。最初にわたしが言ったとおり、自己を目覚めさせる最速の方法は他者を目覚めさせることだからね。

そこに焦点を絞れば、あなたがたは自分がすでに目覚めていることに気づくだろう――そして、すべてが一変するだろう。

あなたがたの考え方も話し方も、行動の仕方も、あらゆる瞬間、あらゆる局面でどうあるかという選択も変化するだろう。

それは、あなたがたが人生で何を引き寄せるか、そしてあなたがたの前に現れるどんなことであれ、それをどう経験するかということにも影響するだろう。

すると、唯一の問題は、人間がその「ひとつの決断」をするか、ということですね。でも、わたしはその決断がなされると信じます。それはとっぴな夢ではなく、完全に手が届くし、まったく疑問の余地のないことですよ。

もちろん、とっぴな夢などではない。だが、個人の意識においても集団的な意識においても、すばらしい転換が求められるだろうね。人間の視点と知覚の飛躍的な拡大だ。気づきが高々と喜ばしく上昇することだよ。

それでも、もう一度強調しますが、それは可能ですよね。そうでなければ、いまは「前進するのに絶好のとき」だとおっしゃるはずがないでしょう。

可能であるばかりでなく、たったいま起こっている。そのような意識の転換がいま明らかに起こっているのでなかったら、あなたはこの対話をしていないだろう——それに誰もこれを読んではいないだろう。次のステップは、もっともっと多くの人間たちを目覚めさせることだ。

三つめの招待はわかりました。完全に納得しましたよ。この対話をたどっている全員が納得しているでしょう。これからはたくさんのひとが、自分自身の目覚めに取り組むことを通じて、どんなささいなことでもできることをして、気負うことなく人類を目覚めさせることにエネルギーを向けよう、それによって個人としての進化を進めようと、自分から選択するだろうと思うな。

そして、あなたがたすべてがそれを成し遂げるのを助けるために、あなたがたが不可分の一部である「ひとつの現実のもっと高い側面」に目を向けてはどうか、と誘われているのだよ。

待ってください。ちょっと待ってくださいよ。わたしはいま、あなたがここで言われたすべてについて完全に「納得」したばかりなのに、また、わからなくなってきましたよ。

いま挑戦課題に直面している人類は決してひとりぼっちではない、ということに目を向けたらどうかな、と励ましているのだがね。

そうですね。地球上のほぼすべてのひとたちがそこに関心をもっているのは知っています。未来を心配していないなんてひとは多くはないし、ほとんどがそれぞれのやり方でもっと良い明日を生み出そうと試みていますよね。

そこで問題なのは、わたしたちはいろんなことを試みてきたのに、まだ回答が見つけられないでいる、ってことです。前にも言ったように、わたしたちは単純に共存する方法を見つけていない。お互いに殺しあうのを止める方法すら、見つかっていないんです。

すると、その方法を見つけている者たちの助けを借りるときかもしれないね。

さっきも言いましたけど、実際、地球上のあらゆるひとが試みてきたけれど、いまのところは失敗なんです。

それでは、地球上の者ではない存在に目を向けてみたらどうかな。

はあ……

地球上の存在ではない者たちからの助けを得るときではないのかね。地球上の生命／人生についてすべてを知っているが、しかし**地球の出身ではない**者たちの。

7

驚いたなあ。いま、あなたはどんな扉を開いたんですか？

いつだって開いている扉だよ。ただ、あなたがたがまだ通ったことのない扉だ。

おっしゃっているのは、地球外から来た存在ってことですか？

そのような存在がいると思うかな？

ええ、そうですね。思います。だって、以前にもそうおっしゃいましたし。それについては『神との対話3』の十六章で詳しく話し合いましたね。

そこで、わたしは何と言っただろう？

あなたがおっしゃったのは、宇宙にはたくさんの進んだ文明がある、ということです。何十、何百どころか、何千も。そして「高度に進化した存在」、わたしたちは「ＨＥＢ（Highly Evolved Beings）」と略称したのですが、その存在について、ていねいに説明してくださいました。それから高度に進化した社会の生の基盤の大半についても、話してくださいましたよね。

いま、あなたが言ったことを覚えておきなさい。この対話の後の部分で大切な役割を果たすだろうからね。

わかりました。そうしますよ。ところで、いまわたしが言いたいのは、どこかの進んだ文明について、これまで教えてくださったことのどれも、可能性の枠外だとは思えないってことです。そのどれも論外だとは思えないんです。だって、結局のところ、宇宙は広大ですからね。わたしたちだけが宇宙の知的生物だと考えるほうが論外だと思いますよ。そんな可能性は10の30乗分の1もないでしょう。

実際には、その可能性はゼロだ。もちろん、宇宙にはほかにも知的生物が存在する。そこらじゅうに、ね。

そして、その知的生物がわたしたちを助けようとしているんですか？　あなたがいまおっしゃっているのは、そういうことですか？

わたしが言っているのは、人類を目覚めさせようという招待を受け入れるにあたって、あなたがたがひとりぼっちだと考える必要はない、ということだ。

ああ、そうですね。あなたご自身が、わたしたちはあなたのもとに赴いた、とおっしゃいました。わたしたちはあなたのドアを叩いたんです。神のもとに赴いたんです。それで充分じゃないのですか？　わたしたちは神のもとに赴いたのに、あなたは、宇宙のほかの生命体のもとへ行け、とおっしゃるのですか？

神性はたくさんのかたちでやってくる。あなたがたがとっているかたちも、そのひとつだ。だから、神があなたがたを助けていることを経験したいなら、自分自身と自分の最高の知恵を見つめることだ——だが、あなたがたを支援できる「神性の顕現（Manifestations of Divine)」すべてに目を向けることもためらってはいけない。

あなたがたのノックに応えてドアを開けるかもしれない存在を見過ごしたり、通り過ぎたりしないように。

それじゃ、ほんとうに地球外から来た存在について話していらっしゃるんですね？

そうだよ。

助けは天から来るだろうと思っているひとたちはきっと多いでしょうが、まさか天の別の生命体から、とは思っていないだろうな。

その可能性を無視したり否定したりするのは近視眼的だろうね。

それではっきり言わせてください。だって、これについてはどんな混乱もあってほしくないですから。あなたは、宇宙のほかの生命体が進んでわたしたちを助けようとしている、とおっしゃるのですか？

そう、その一部がね。すべての生命体ではないが、一部はそうだ。ほかの生命体のすべてが親切だというわけではない。

それはちょっと怖い話だな。

なぜかな？ **人間だって**全部が親切ではないだろうに。あなたがたの多くは、あなたがた自身さえ助けてはいない。それどころか、互いに傷つけあっている。

そうですね。でも、わたしたち人類は若い種ですから。それに、多くの人間が子どものようなふるまいをしていることは認めます。宇宙のほかの知性ある存在の多くは、わたしたちよりはるかに進んだ種だ、とおっしゃいましたね。

だからと言って彼らがいつでもあなたがたを助けるという意味ではないよ。彼らの一部は暴力的だ。

宇宙のどこかから来た進んだ生命体が暴力的なんですか？

そう、一部はね。

彼らが「進んで」いるなら、どうして、それでも暴力的だなんて、あり得るのでしょうか？

高度に進んでいるということと、高度に進化しているということは違うのだ。

二千年前のひとたちが時間を飛び越えていまの地球に現れたら、彼らはいまの地球の住人が「進んでいる」と言うと思うかね？

ええ、たぶんそう言うでしょうね。

しかし、現在の地球の住人は暴力的ではないだろうか？

いや、悲しいことに、わたしたちは暴力的です。

だから、技術的な進歩は必ずしも道徳的、倫理的、意識的、霊的に進んでいることを意味しない

――あなたが言いたいのはそういうことではないか？

なるほど。

だから、宇宙のほかのすべての生命体が、人類を目覚めさせようとしているあなたがたを助けると想定しないこと。進んだ文明が高度に進化した文明と自動的にイコールだというわけではない。

けれど、わたしたちにはその違いすら、わかるのでしょうか？　それを言うなら、わたしたちを助けようとする高度に進化した存在があるということすら、知ることができるでしょうか？　つまり、あなたはいま、そうおっしゃっていますが、この地球上にいるわたしたちが怯えておかしくなってしまわずに、それを経験して知ることが可能でしょうか？

それよりもっと重要なのは、その高度に進化した存在はどうやってわたしたちを助けるんでしょう？　わたしたちのまわりにふわふわ浮かんで――文字通りあるいは比喩的に――見守り、わたしたちがあんまりひどく自分たちを傷つけないようにしてくれるんですか？　実際にわたしたちのもとを訪れ、この地球上で物理的にわたしたちと一緒に行動してくれるんですか？　遠くから、わたしたちの頭に考えを植えつけるとか？

よろしい。続けなさい。それもこれも、重要でない疑問ではないからね。

それで、答えは？

いまのすべての疑問に対する答えはイエスだよ。

ううん……そうですか。もうちょっと、詳しく教えてもらわないと。すみませんが、お願いできますか？

疑問はひとつずつ、取り上げるべきだろうね。

どういうやり方でもけっこうです。

あなたがたは波動を感じることで、助けてくれる生命体とそうでない生命体の違いを知るだろう。

うわあ、なんて「ニューエイジ」的な答えだろう。いや、すみません……申し訳ないですが……すごく大勢のひとが言うのが聞こえる気がするんです。「なんて馬鹿らしいニューエイジ的な答えなんだ。波動を感じるだってさ」って。

あなたはどこかの部屋やバー、あるいはレストランに入って行って、何秒もしないうちに、ここにはいたくない、と感じ、踵《きびす》を返して出てきた経験はないかな？

どこかへ出かけるためにシャツやブラウスを着たが、これじゃないと気づいて、すぐに脱いでしまったことはないかね？

誰かに会ってすぐに、こういうひとたちとはあんまりかかわらないほうがいい、と気づいたことはないか？　あるいは逆に「一目ぼれ」した経験はないかな？

ありますとも。たいていの人は少なくとも一度はそういう経験をしていますね。

それを「馬鹿らしいニューエイジ」的な経験だと考えたかな――それとも、これはあたりまえの人生の一部だと？

ありがとうございます、納得しましたよ。すると、レストランやシャツやひとの波動を感じられるなら、ほかの生命体の波動も感じられるんですね――そして、すぐに、どれがわたしたちにとって良くて助けになるか、どれは違うかがわかるんですね。

そのとおり。

何を感じているかに注意を払っていれば、すべてのつじつまがあうとわかるだろう。すべての人間に組み込まれている強力な感覚（センス）――それは**常識**（コモンセンス）と呼んでもいいのだが――を使わない人たちは、何もかもぐちゃぐちゃにしてしまい、苛立って、経験していることを「馬鹿らしい（ナンセンス）」と言うかもしれないね。

とてもうまい言葉遊びですねえ。でも……

——これは言葉「遊び」ではないよ。言葉を正確に使って、重要なメッセージを伝えたのだ。ここで言われていることを頭からはねつけてしまったら、人類のためにならないだろうな。

なるほど。けれど、そんな高度に進化した存在があって助けてくれるなんて、そのこと自体、どうすればわかるんでしょうか？

心配しなくていい。そのうち、わかるから。見逃すはずはないのだよ。別の呼び方をするかもしれないが、しかし、見逃すはずはない。

でも、別の呼び方をするとしたら、それが何だかわからないってことじゃありませんか？

それを役立てるのに、それが何なのかを知る必要はないよ。

わたしたちはすでに、そういう助けを得てきたんですか？　あなたは「見逃すはずはない」とおっしゃった。それって、未来形ですよね。たったいまから、助けを得始めるのでしょうか？

たったいま、もっと気づき始めたのだよ。

けれども、それはずっとあった、と？

そう、人間たちなら、とても長い長いあいだ、と言うだろうね。

でも、それはどう助けになったんでしょう。いま、こんなざまなのに。

あなたがた人類は実際、まさに完璧なとき、完璧なやり方でここに到達したのだよ。
あなたがたはこの**「選択点」**に到達し、それをありのままに正確に見抜く力を、宇宙的な観点からすれば非常に迅速に獲得した。そして、あなたがたがこれではいけないと思っている状況や環境は、実際のところ、理想的なのだ。なにしろ、未来の選択肢が疑問の余地なく明確になるほどに衝撃的なのだからね。
だから、**高度に進化した存在**は、実際、宇宙の時間で計れば、とても素早く、そしてとても効率的に働いてきたわけだ。

8

わかりました。すごく興味深いですよ。そして、高度に進化した存在がわたしたちを見守っている可能性も全面的に「認める」と言わなければなりませんね。だって、ここ何年か、ＵＦＯの目撃談もたくさんあるし――

――ここ何年か？　ここ何世紀か、の間違いではないかね――

――いいですよ。ここ何世紀かにしましょう――わたしたちは観察されている、ということは疑問の余地がないと思います。でも、助けてきた？　わたしたちが自分を傷つけるのをやめさせてきた？　どんな方法で、そうするんですか？　遠くから、わたしたちの頭のなかに考えを植えつけて？　いいですよ。それだって受け入れることはできるでしょう。その可能性も認めます……でも、実際にわたしたちのもとを訪れているんですか？

これって、そうとうぶっ飛んだ領域に踏み込んでいますねえ。

言葉遊びかな？

いや、わざとではないのはあなたと同様です。でも、神との対話がこんなふうに展開するなんて、思いもよりませんでした。こんなところに踏み込むなんて。

『神との対話3』で高度に進化した存在についてそうとう長く話をした、とあなたも言ったね。覚えているかな。

ええ、でも、彼らがわたしたちを助けようとするという話ではありませんでした。

そう。だが、彼らが存在するという事実については、確かに話した。

存在するだろうというのと、いまここで支援してくれるのは——わたしたちのもとを訪れるということも含めて——別のことでしょう。まったく違う、べつのことですよ。

なるほど。その可能性を受け入れることも、三つめの招待の一部だよ。

その招待とは、人類を目覚めさせることで、新種の生命体を紹介されることではないと思っていました。人類を目覚めさせるには、ほかの生命体がいると信じることを受け入れなければならない、とおっしゃっているんですか……

……わたしたちは『神との対話3』で高度に進化した存在をHEBと呼びましたが、たいていのひとはそうは呼ばないだろうな。そうじゃなくて、ただ宇宙人と呼ぶでしょう……

……あなたは、信じろとおっしゃっているんですか。その宇宙人が──

これからも、高度に進化した存在、あるいは略してHEBと呼ぶことにしよう──

──その目覚めた生命体がわたしたちを助けようとして、わたしたちのもとを訪れていると？

べつに、何かを受け入れなければ**ならない、**ということはないよ。ほかの生命体が存在するという信念を受け入れなくても、**人類**を目覚めさせる使命に向かって進むことはできる。高度に進化した存在が地球上のひとびとを助けようとしているという考え方を受け入れなくても、ね。

でも、あなたは「それを受け入れるのも、三つめの招待の一部だ」とおっしゃいましたよ。

招待の**一部**だが、招待を**受け入れろと要求している**のではない。

もうちょっと、わかりやすく話していただけますか？

入り口のドアの比喩に戻ろうか。
あなたがドアを叩き、わたしはドアを開いてあなたを招き入れ、こう言ったとする。「なんて、タイミングがいいんだ。ちょうどオードブルを作っていたところだよ」。けれども、あなたがトレイに並べたごちそうを味わわなければ、あなたが招待を受け入れたことにはならないだろう。

なるほど。パーティに行っても、好みではない食べ物は「飲み込む」必要はないということですね——そのたとえで言えば。

そのとおり。

人類を目覚めさせる助けをしなさいという招待は受け入れても、ほかの生命体がわたしたちを助けようとし、わたしたちのもとを訪れていると信じる必要はないんだ。

そう。ひとつの決断がもう一方とつながっているわけではない。

それでほっとしました。自分の自由の余地が増えた感じがしますから。

あなたがたはいつだって自由だ。自由とはそういうものだよ。それが、あなたがたへのわたしの約束だ。それが、わたしの永遠なる誓約（commitment）だ。

わかっています。感謝していますよ。あなたは何度も繰り返してそうおっしゃったし、わたしはそれをわたしたちへの最高の贈り物として受け入れています。

それでは、あなたが対話にもちこまれたその考え方を、わたしも少なくとも探究する気持ちはあると言わせてください。可能性として探究する意志はあります。わたしがここでほんとうに知りたいのは、どうやって人類を目覚めさせる助けをするのか、それから、目覚めた人類とはどんなふうなのか――どのように生命／人生を創造し、経験するのだろうか、ということなんです。

それは詳しく――ほんとうに詳しく――話したよ。あなたが『神との対話3』と呼ぶ本のなかで。

そうでしたね。でも、もう一度、取り上げたいなあ。わたしは、あなたがおっしゃったことのほとんどを、もう忘れていますからね。ほんとうに大切な覚えておくべきことを、どれほどあっさり忘れてしまうか。自分でもびっくりしますよ。

そうだね。それも人間の経験の一部だ。だが、繰り返しは役に立つよ。それではもう一度、かいつまんで話をしようか――それから、過去の対話のなかのとくに大切な点についても。

確かに復習したほうがいいだろうな。でも、いまはどうしても気になることがあるんですよ。ついさっきあなたがここでおっしゃったことを、おっしゃらなかったことにはできません。

あなたはさっき、高度に進化した存在が宇宙に存在するだけでなく、彼らは直接、わたしたちを助けようとしているとおっしゃった――さらには、わたしたちを訪れている、と。

これまでのわたしの考えでは、この二つはまるっきり違う情報なんですけど。

どちらも探究することができるよ。二つめの探究が一つめの探究に役立つだろう。人類の進化における このすばらしいときに、あなたが何も想定せず、また何も考慮から除外せずに探究しようとしている生の多くの局面にとって、とても有意義になるだろう。

いつでも、あなたの心をオープンにしておきなさい。すべてのことがらにおいて、いつでも心を開いておくことだ。あらゆることが可能なのだよ。とくに、あなたが何も知らないことがらが。あなたは自分が何も知らないことは可能性がないなんて決め込んではいないだろうね?

人間たちの多くが、多くの場合、そう思っていますけどね。

だが、あなたは違うし、あなたと同じようなひとたちも違う。あなたがたは心を開いてきた。あなたはいまここで、ほかのひとたちなら——ほかの**多くのひとたち**なら——可能性がない、妄想だ、それどころか神への冒瀆《ぼうとく》だということに参加している。あなたは神と対話をしているのだ。そして、あなたは不可能だとも妄想だとも冒瀆だとも考えてはいない。

当然でしょう。だって、これまでの対話で——これまでのわたしたちの交流で——生命/人生と神について自分が充分には理解していないことがあるかもしれない、そしてそれを理解すればあらゆることが変化するという可能性を、少なくとも考えてみてごらん、とおっしゃったのはあなたですよ。だから、わたしはその言葉を自分の経験にあてはめてきたのです。

いまでは、わたしたちのすべてが、必要なときや望むときに、自分たちのなかにある最高の知恵の源――それをわたしは神と呼びますが――に全面的にアクセスできると確信しています。

わたしたちはみんな、何年もそうしてきたんです。生まれたときからね！　誰でもいつでも神と対話しています。ただ、多くのひとはそれを知らないだけです。あるいは、何かべつの名前で呼んでいる。少なくとも、それがわたしの理解、観察で、経験です。

それではあなたは、神があなたとコミュニケーションしていることは受け入れられるが、高度に進化した存在があなたがたを助けていることはべつだと言うのかな？

やられましたね。痛いところをつかれました。きっと、二つめは一つめよりちょっとSFっぽいので、ためらいなく受け入れるには少し違和感があるんだろうな。つまり、組織的な宗教でさえ「啓示」――神からやってくるとされるすばらしい明晰さ、洞察の瞬間――について語っていますが、でも、高度に進化した存在が導いてくれることについての教えなんて、あまり聞いたことがありませんからね。だから、その考え方は衝撃的なんです。少しのためらいもなしに入っていけるというものではないんですよ。

しかし、それはあなたが『神との対話3』と呼んでいる、これまでの対話のなかで見つかるよ。

ほんとうですか？　忘れているなあ。

そこで、わたしは言った。「あなたがたの種のすべてが悟りに導かれ、悟りを達成したとき、種は全体として（全体で完全な種なのだから）、時空のなかを（物理の法則をマスターするから）容易に移動し、他の種、他の文明に属する者たちを助けようとするだろう」

そして、あなたは答えた。「他の種、他の文明の何者かがいまわたしたちを助けているように、ですね」。それに対して、わたしは答えた。「そのとおりだよ」と。

だから、今度のやりとりのなかでそれが話題になったからって、驚くことはない。

あなたが以前、そうおっしゃったことをすっかり忘れていましたよ。

わたしのメッセージは何年も一貫している。一貫していないのは、あなたの記憶のほうだ。

9

知っているすべてを、それに人生のなかですばらしい知恵の源から受け取ったすべてのメッセージを記憶しているかといえば、ぜんぜんそんなことはないと、わたしは真っ先に認めますよ。その部分は、あまり発達した資質じゃないんだなあ。父がよく言ってましたっけ。「老いるのはあまりに早く、賢くなるのはあまりに遅い」って。

そのうえで、わたしは人類を目覚めさせるためのグローバルな努力に、どんなエネルギーでも提供したいと思っています。だから、この対話に引き込まれて、とても幸福なんです。

でも、わかっていただけるでしょうか。わたしはいままでの人生でもそのグローバルなエネルギーに力を貸してきたと考えたいんです。大勢のひとが、ただ他者との交流方法を通してだけにせよ、そうしています。ですから、わたしは三つめの招待を受け入れる必要はないかもしれない。すでに実行しているかもしれないからです。ずっと前から。

そう、あなたがたの多くが、この招待を受け、それに応じて行動しているひとたちが行うことの一部を実行してきた。だが、たいていは意図的にはしてこなかった。

あなたがたすべてが快く、寛大に、真剣に行ってきたが、しかしその奥に明確な意図はなかった。そして、意図が肝心なのだよ。それによって、その後に続く出来事がエネルギー的に特徴づけられるのだから。

車に乗ってドライブし、優れた運転者がするすべてのことをしたとしても、どこへ行くかが決まっていなかったら、どこにもたどり着けないだろう。

そういう経験はありますねえ。

だが今度は、これから考えること、口にすること、行うことのすべては人類を目覚めさせるためだと**意図する**なら——すべてはあなた自身の進化の旅で前進するための自己表現の一部なのだが——あなたは違うレベルの結果を目にすることになる。

それが、三つめの招待のすべてであり、それはあなただけでなく、あらゆるひとに差し出されている。わたしたちのいまの対話は、「たまたま」これと出会うあらゆるひとのためでもある。あなたは自分が何者かを知っている。なぜなら、ここに来たのだから。他者を目覚めさせることは偶然にはできないし、すばらしくはあるがとくに狙った結果ではないという具合に実現できるものでもない。それは、ここで差し出されている招待を自ら受け入れるすべてのひとたちの個人的な進化の**意図した効果**として、達成される。

こうしたすべてを実行する方法のひとつは、自分自身の成長——それに成長を達成するための苦闘——を広く示し、手本にされるようにすることだ。

それは、とても大きなことですね。考えるのさえはばかられるほど、大きなことだなあ。

だが、そうしようと心のなかでうなずくなら、「小さなあなた」から「大きなあなた」への、「ローカルなあなた」から「宇宙的なあなた」への、「個としてのあなた」から「集団としてのあなた」への進化に、あなたの日々の旅、瞬間瞬間の選択が及ぼす影響は大きく広がるだろう。

あなたがたのすべてが個人的な進化のプロセスを他者に見せるなら、それはすべての人々が進化のプロセスで前進する手段になる可能性があるのだよ。

そして、いまこそ前進するのに絶好のときではないか。

でも、誰かがそうしようと思いたったら、ついつい偉くなった気になってしまうのではありませんか？　自分が人類の希望だと考えるほど、妄想をたくましくしたくはないなあ。それに誰にしろ、うっかりそういう道を歩いたりしてほしくないと思いますよ。だって、そうなったら、つい不自然に高揚した精神状態になってしまうリスクがありはしませんか？　それって「躁《そう》状態」、それどころか「錯乱状態」とさえ言われかねないですよ。自分はこの使命を与えられた、そしてそれを遂行するひとびとのひとりだと考えるなんてね。

はっきりさせておこう。これは自分が完璧な手本だ、優れた進化の事例だと宣言してまわることではないのだよ。単に自分の個人的選択を隠さず、充分に目覚めるための苦闘についても、進歩についても、真の自分を世界に示すことだ。

自分の個人的、内的なプロセスはほかの誰のためでもないし、もちろん「世界を救う」ことを目的にしているのでもない。そうではなくて、個人的、私的な進化をできる限り前に進めることだと、心のなかでほんとうに正直に、つつましく認識するなら、そしてあなたの立ち居振る舞いの変化について尋ねる誰にでも——なぜなら、ひとびとはきっとそこに気づくからね——静かにそれを分かち合うなら、いまあなたが言ったようなことにはならないだろうね。

そして、自分の「いわゆる」不完全さをほんとうに正直に、つつましく受け入れるなら（わたしはいまのままのあなたを完璧だと見ているが、しかし、そのことはもっと後で話そう）、自分は進化の「途上」にいて、完全にはほど遠い人間だと自分でも思い、ひとにも告げるなら、やはり、いま言ったようなことにはならないだろう。

人類を目覚めさせる助けになろうという招待を受け入れる決意の目的が、何らかの指導者になることではなく、自分が内なる深みからの指導に導かれてきたのだと、そしていま人間としてのべつのあり方が——自分にとっても他者にとってももっと有益であろうとつつましく努力するあり方が——見えたのだと、シンプルにつつましくひとびとにも告げるなら、自己を過大評価することは決してないだろう。

確かに、わたしは自分が何らかの霊的《スピリチュアル》「指導者」だなんて想像もできないほど不完全だということはわかっています。わたしの知り合いなら、誰だってそう言うでしょう。

それがはっきりしているなら、心配することは何もない。

それでもわたしが望まないのは——それは誰でも同じだと思うのですが——自分があまりに「不完

全」で「進化していない」から、目覚めようと試みる価値すらない（ましてや、自分たちが目覚めていることを受け入れるなんてできない）し、もちろん、他者を目覚めさせる助けなんてとんでもない、と感じてしまうことなんです。

あなたやほかのひとたちが不完全と呼ぶものが、あなたがたすべての完璧さの一部であることが見えるなら——ついでだが、ほかのあらゆるひとたちの「不完全さ」についても同じ見方をしなさい——あなたや人生で触れ合うほかのすべてのひとたちに役立つすばらしいバランスを創り出せるだろう。

そのバランスのおかげで、三つめの招待を受け入れるひとたちすべては、ありのままの自分を愛せるようになる。成長し、もっと進化しようと、日々つつましく真剣に努力しながらでもね。それに、ほかのひとたちにも同じことをするように促すことができるだろう。

あなたがたは成長し進化する美しい存在だ。以前にほかの対話で何度も言ったとおりだよ。神があなたがたを見るように、あなたがたが自分を見るなら、あなたがたはたくさん微笑むだろう。

その言葉をお聞きするたびに、とっても安らぎます。また、そうおっしゃってくださって、ありがとうございます。

どういたしまして。

そこで、次は目覚めた種としての生き方とはどんなものなのか、細かいところまで知りたくてたまらないのですが――それに、地球上の人間たちがどんなふうに新しいやり方で生命／人生を創造し、経験するのか、ということも。

地球外の進んだ存在はどんなふうに生きているのか、いままでの対話で話してくださったことをおさらいしたいんです。

喜んでおさらいしよう。だが、まずはわたしが、あなたが定義しているような「地球外」の存在について話しているのではないことを、理解してもらわなくてはならない。

「わたしが定義している」ってどういう意味でしょうか？　地球外は地球外でしょう。つまり、宇宙のなかの、この地球とはべつの部分ってことです。宇宙のほかのところですね。それが、わたしの定義です。あなたはどう定義なさるんですか？

そうだね。あなたがたのなかの比喩の名人の言葉を引用しようか。ウィリアム・シェイクスピアはこう言っている。

「天と地には、おまえの哲学では思いもつかないことがまだまだあるのだよ、ホレーショ」

とおっしゃいますと？

あなたがたが「地球外（outer space）」と呼んでいるものには、あなたがたの宇宙論では思いもつかないことがたくさんある、ということだ。

あなたがたが「地球外から来た存在」というときには、宇宙のなかであなたがたが**気づいている部分**を指している。しかし、宇宙はあなたがたが考えているよりははるかに広く、はるかに多次元がからみあっているのだ。

あなたがたが「地球外」と呼んでいるのは、**「存在するすべて（All That Exist）」**の限られた側面で、そこから来た個々の存在（entities）は、現在、物質的な個体として現れている。あなたがたのようにね。そして、人間たちと同じく、「地球外からの存在」すべてが平和なわけではない。それは前にも言ったね。一部は**平和だが、**一部はそうではないのだよ。

平和な存在であっても、ときには暴力的にふるまう。ちょうど、自分は平和的だと思っている人間でも、ときには暴力的になるように。

控えめに言って、ですね。多くの人間が多くの人間を殺しているんです。

そのとおり。だから、あなたがたを助けようとしている存在とわたしが言うとき、そして、この目覚めた種のあり方をもとに人間たちが選ぶことのできる新しいあり方を説明するとき、わたしが指しているのは、存在が唯一あるいは主として物質的に自分を経験する天の領域ではないところから来た個体のことなのだ。

興味津々になりましたよ。

わたしはべつの次元に存在する生命体のことを言っている。

その個々の存在が物質的ではない次元ですか？

その**必要がない**次元だ。もし、物質的なかたちとあなたがたが呼ぶものを望んだり、選んだりするなら、それも可能だが、すべての生命が創造された目的である経験をするためには、その必要はない次元だよ。

10

それにはとても興味がありますが、わたしがほんとうに復習したいのは、目覚めた人類はどんなふうに地球上での生を創造するのか、ということなんですよ。でも、どうもその違う領域から離れないようで……

まず、その違う領域を探究することがきっと役に立つ、と信じてもらいたいな。宇宙の高度に進化した存在が宇宙のどこから「来ている」かを理解する手段になるはずだよ。彼らはあなたがた地上の人類という種がもっと深く探究することを選ぶ――それに、見習いたいとさえ思う――はずの経験を創造し続けているのだから。

なるほど。そうなると寄り道の意味も違ってきますね。わかりました、いいでしょう。それでは、お尋ねします。あなたがおっしゃる個体たちには物質的な身体を採用する必要がないなら、どうして、わざわざそんなことをするんですか？　神のみぞ知ることかもしれませんが――あ、こんな言い方をしてすみません。でも、神のみぞ知るですよね――わたしなら、必要がなければそんなことは絶対にしませんよ。

実際には、あなたはそうするだろうし、そうしているのだよ。

あなたがいま物質的なかたちを取っているのは、そう**しなければならない**からだ、と思うのかな？　断言するが、あなたがいま物質的なかたちを取っているのは、それを選んだからだ。
この情報だけでも、あなたのあり方全体を変える可能性があるね。

だって、どうしてそんなことを選ぶんですか？　身体があるがゆえのあらゆる不快な経験から逃れられるなら……いったいぜんたい、どうしてわたしは逃れることを選ばないんですか？

選ばないことがあなたの目的に役立つなら、選ばないだろうね。それに、たとえ**身体があっても**不快な経験から逃れることが可能だと知っていればね。

そんなことが可能なんですか？

そうだ。それも、この対話の続きで明らかになっていくだろう。いまのところはただ、あなたにはそれがわかっていない――思い出していない――し、それは、必要がなくても身体のある存在であることを選ぶなんて想像できないからだ、と気づきさえすればいい。
それに、あなたには「そうしなければならない」ことはない。あなたが物質的な存在であることを選ぶのは、それが目的に役立つときだけだ。そしていま、それは役に立っている。そうでなければ、あなたはここにいないだろう。それは、あらゆる高度に進化した存在が知っていることで、あなたは知らないことだ。

問題は、あなたが自分の目的を知らないことだ（人類の大多数は思い出していない）。だから、あなたがたは意志に反して物質的な身体として存在**しているように**思っている。

これは、人間としての経験すべてに影響する。あなたがたは意志に反して物質的な身体として存在していると考えているだけでなく、身体のある存在として観察したり直面していることが自分の意図に反して起こっている、と思っている。それは、あなたがたが自分をどう扱うか、そして他者にどんな影響を与えるかに、とても大きな影響を及ぼしているのだ。

人間たちが自分自身や互いに対するやり方を変える――それによって、地球上の生の未来を変える――助けをすることが、あなたがた全員に三つめの招待が差し出されている理由なのだよ。

自分自身を目覚めさせたとき、やっと、自分たちの目的は何なのかが――生きている理由は何なのか、すべての**生命／人生**の理由は何なのかが、わかるだろう。そのとき、あなたがたはそれを表現し、経験することを選べる。それが周囲のひとたちを助け、励まして、同じことに取り組むように仕向けることになる。

これらすべてがあなたに理解できないのであれば、このわたしたちの対話すら、なかったはずだ。たったいま、この対話を読んでいるひとたちだって、同じことだよ。

前にも、そう指摘なさいましたね。

前にも指摘した。充分に目覚めようと、そして地球上の仲間の旅人が同じことをするのを助けようと決意しているひとたちにとっては、自分のアイデンティティはすでにはっきりしている。

あなたも知っているし、そう言ったが、そのひとたちは、実際に人類が**「あとは決断ひとつ」**で未来をもっと良く変えられると知っている。それぞれのひとが次のレベルに進化するプロセスを通じ、**「ほんとうの自分」**を認めて受け入れ、示すことによって、ね。

それが、高度に進化した存在がたったいま行っていることなんですか？　わたしたちが目覚めるのを助けようとして、物質的なかたちを取り、それによって「ほんとうの自分」を表現し、経験しているんですか？　それが、いままでのお話からわたしが理解すべきことなんでしょうか？

そうだ。それこそがまさに、わたしが説明している存在が物質的なかたちを選ぶ理由だよ。

あなたがた人類と彼らとの違いは、彼らは物質的状態と非物質的状態を自由に行き来していることだ。あなたがたのほとんどは、自分たちの意志とは無関係にそうなる、と想像しているがね。だから、ここですべてを教えてあげることにしたのだ。自分たちが意志に反して物質的状態と非物質的状態のあいだを行き来しているという考え方を変えることは、あなたがたの個人的変容の大きな部分になるだろう。

あなたがたはいま、物質的状態から非物質的状態への移行を「死」と表現し、自分に起こる最悪のことだと思っている。だが、その出来事は単に続いている進化のプロセスの一歩に過ぎない。

わたしたちは実際、進化を続けるプロセスを恐れています。身体からの離脱を――わたしたちが「死」と呼ぶものを――心底恐れ、どんな代償を払ってでも避けようと努力しているんです。

文字通り、どんな**代償**を払ってでもだね――自分の正気を捨てること、「そうなのだとわかっていること」、それに最も深い内なる気づきを捨てることも含めて。

だから、あなたがたは自分がすでに目覚めていることを認識できない。「自分自身」を「救う」ために、「自己」を捨てている。それは、とても若い知的な種のすべてに共通する皮肉なことだ。現在の人類の経験における最高の皮肉だよ。

だが、いま、あなたがたはわかり始めた。目覚め始めた。そして、他者を目覚めさせようという招待をすでに受け入れている。だが、自分が何に目覚めているのかを知らない限り、他者を目覚めさせることはできない。

それが、この寄り道の目的だよ。あなたがたは意図的にいまの身体を選んだのであって、それは試練や苦難ではないし、逃げ出したくてたまらない対象でもない。地球上の物質的な生だけが与え得る表現の最高のチャンスを経験し示す方法として選んだのだ、とわかってもらうためだ。

それでは、この地球上の経験全体が試練や苦難のように見えるのはなぜか、説明させてください。

いまのお話を正しく理解したとするなら、あなたがおっしゃっているＨＥＢは物質的状態と非物質的状態のあいだを瞬時に移動しているんですね。彼らは望みのままに即座に身体を採用したり、捨てたりする。いっぽう、わたしたち人間は物質的状態で時間を経過しなければならない――ある者にとってはとても短くて、ほんの瞬間かもしれないし、べつの者にとってはとても長い年月でしょう――どちらにしても、時間がかかるんです。

さらに、人間が非物質的状態から物質的状態に戻るときには、そのたびに「人生を一から始め」なければなりません。赤ん坊として身体に宿り、それから身体のある者として生きる基本をすべて、一から学ばなければならないんです。

べつの次元から来た高度に進化した存在にそんな必要があるとは、あなたはおっしゃっていないですよね。彼らはひとつの表現のかたちからべつのかたちへと自在に変われるし、「非物質的」な状態から「物質的」な状態へ、物質的な生のサイクルの始点からではなく、完全に成長した存在として移動する。

この理解は正しいですか？　もしそうなら、確かにとても大きな利点ですよね。「物質化」を望むたびに「一からやり直さなければ」ならず、あらゆる困難に直面し、日々の暮らしの課題すべてを何年も克服しなければならないなんて、すごく不利ですよね。

実際には、あなたがたには何の不利な点もない。あなたがたは自分が望むとおりのことを行っている。あなたがたはHEBとは違った理由で物質化していることを理解するほうがいいだろうね。あなたがたが物質化したのは、胚《はい》から幼児、子ども、そして青年、おとな、老年へと成長する経験を**したい**からだ。それも一度だけでなく何度もしたいのだよ。

あなたがたはこの経験を充分に堪能しようとして、物質的な領域に何度も何度も戻ってきている。なぜなら、**そのすべて**を完全、完璧に理解したいからで、だから、あらゆる角度から、あらゆるレンズを通して、あらゆる環境や状況で、自分は何者なのかを創造し、経験する。

この自己創造のプロセスを通過しているあなたは生涯ですべての者になる。被害者と悪人、強さと弱さ、被抑圧者と抑圧者、いわゆる「正」といわゆる「邪」、いわゆる「善」人といわゆる「悪」人。

「正」「邪」というのはないのだ、と考えていました。わたしたちの誰も、神の目には「善」でも「悪」でもない、って考えていましたよ。

あなたの考えは正確だ。そういうものは、**あなたがた**が行動や態度に貼ってきたレッテルで、神が貼ったのではない。神はあなたがたの「なりゆく」プロセス、自己実現の「成長」のプロセスすべてを通して、あなたがたを愛し、賛美し、抱擁する。

わたしが望むのは、あなたがたがどうあるか、そしてそのあり方をどんなふうに体験したいかを決めることだ——それによって、あなたがたがひとに言われるのでもなければ、役柄として与えられるのでも命じられるのでもなく、すべての選択権を与えられ、すべての選択肢を提供され、あらゆる可能性を提示されたうえで自己を創造することを通じて、「ほんとうの自分」を知ることなのだよ。

さて、あなたは**「神性」**であることの力と栄光を知った——**「神性」**であることの**自由と意志**を通じてね。

それが単に**与えられた**のではない、**表現された「神性」**だ。それが、**体験される「神らしさ(Godliness)」**だ——そしてそれが、生命そのものを創造したわたしの目的なのだよ。

だから、あなたがたはあちらとこちらを、上と下を、右と左を、大と小を、速さと遅さを、深さと浅さを、光と闇を、若さと老いを体験してきている。

あなたがたはそのすべてを——考え得るあらゆる表現を——**文脈のある領域**を作り出し、そこで自分が何者でありたいか、またどうありたいかを選択することで知り経験するために、物質的存在を利用している。

文脈のある領域は、この次元におけるあなたがたの生の最大の祝福だ。なぜなら、**「ほんとうの自分ではないもの」がなければ、「ほんとうの自分」もない**のだからね。

要するに、経験不可能だ。

闇がなければ光はない。小がなければ大もない。遅さがなければ速さもない。そして、あなたがたが「悪」と呼ぶものがなければ、「善」と呼ぶものもない。

だから、判定したり糾弾したりせず、闇に対する光になることだ。「ほんとうの自分」を表明し、宣言し、表現し、充足し、知り、経験することだよ――そして、あなたという事例の力によって、人生で触れ合うほかのすべてのひとたちもまた、ほんとうの自分を知るだろう。

それが、すべての〈マスター〉（大いなる師）がしてきたことではなかったかな？


いまのは、これまでにも何度もおっしゃった言葉ですね。それでも、いまの文脈のなかだと、いままでよりもっと納得できるし、もっと真実の響きがあります。でも、どうしてそれが、HEBにとっても真実ではないんでしょうか？

さっきも言ったように、HEBはそういう理由で身体に宿るのではないからだ。彼らはすでに物質世界を充分に経験している。もう、完璧に経験したのだよ。だから、身体に宿るたびに「一から始める」ことはしない。それが、特定の物質的存在に役立つのでない限り。

それはどういう意味ですか？

高度に進化した存在がこの次元で物質的なかたちに宿るとすれば、それは、そのHEBが非物質的状態では創造できず体験できない何かを再創造し、再体験したいからだ。そのために、身体に宿ることを「一から始める」必要があることはめったにない。

高度に進化した存在がこの次元ではないところで物質的かたちを取るなら、それは、そのHEBが物質的な領域にいる知覚ある存在（sentient beings）に、ほんとうの自分を理解し、表現し、充分に体験するための支援を提供したいからだ。そのときには、物質化するHEBはライフサイクルを「一から始める」選択をするかもしれない。

でも、どうしてHEBは、自分たちの次元とは違う次元にいる知覚ある存在に支援を提供しようとするんでしょう？

それによって、次のレベルで——それからさらに次の、さらにまた次の、そしてさらに次のレベルで——ほんとうの自分を表現し、充足し、知り、体験し続けるためだろうね。HEBは**「追求者」**としてではなく、**「答え」**として自分を経験し、表現することを選んでいる。

それぞれの次元の万有（universe）全体、宇宙（cosmos）全体が知覚ある存在で満たされ、それぞれがまったく同じ願望を吹き込まれている——自分の**真の性質、**そして**真のアイデンティティ**を表現し、経験したいという願望だ。

それにはまず、物質的存在のあらゆる側面を経過し、知らなければならない。それから、非物質的存在のあらゆる側面を経過し、知る。それから、両者を融合する。

ここに、**高度に進化した存在**がエネルギーの分かち合いに焦点を絞っている最大の秘密がある。どの瞬間にも全面的な融合が起こることが可能だ。そのプロセスは凝縮できる。ひとつの文明全体が、望めばいつでも目覚めた種としての生を始めることが可能なのだよ。

11

なるほど！　次はどうすればいいかを知ることですね！

そういうことが可能なんだと納得できる機会を与えられたことを、感謝しています。でも、もう前に進みたくてたまらないんです。

人類を目覚めさせるという招待を受けているなら、何に目覚めさせるのかを知りたいと思います。どんなあり方に目覚めようと、あらゆるひとを招待することになるんでしょうか？

違う次元のまったく違う文明の生の原則と実践、理解と行動をただ受け入れて採用しなさいということでしょうか？　人間としての最高の価値観を使って、個人としてもっと良い人生を、そしてグローバルな集団としてもっと良い明日を達成できないのでしょうか？

もちろんできるよ。だが、違う文明ではなく違うエネルギーの観点から考えると、あなたがたの役に立つし、利益になるのではないかな。何が生命／人生をすばらしくて喜びあふれる見事なものにするのかという問いそのものが、「ローカルな習慣」の話ではなく、生命の基本的なエネルギーにかかわる普遍的（universal）な真実の問題なのだ。

宇宙のエネルギー、あるいはエッセンスは、ただひとつしかない。それはあなたがた人間の言葉で「愛」と呼ばれてきたものだ。

高度に進化した存在が人類の前に提示しようとしている考えは、単純に、あなたがた人類にとってもっと役に立つ、そしてそれぞれが個人的な進化をもっと速める機会を提供するようなやり方で生きて愛するにはどうすればいいか、という思考なのだよ。
ＨＥＢは自分たちの生き方が人間にとって「正しい」と主張しているのではない。単に、あなたがた自身で決める機会を与えているだけだ。それが、彼らがあなたがたを助けるやり方なのだし、あなたがたが他者を目覚めさせる助けをするときも同じだろうね。
だから、その考え方について検討するほうがいいのではないかな。人間の行動と違うのか、違うとしたらどこが違うのかを調べて、新しい人間のあり方を選ぶかどうか、決めるといい。

賛成です。それに、きっと対照的なんだろうなということはもうわかっています……ですから、何がいちばん大きな違いなのかを教えてください。その検討に、すぐに取りかかりましょう。

最も衝撃的で有意義な違いとは、高度に進化した存在にはまったく、そして完全に、絶対的に、全面的に、どんな種類の暴力もない、ということだ。彼らは肉体的な暴力をふるわないし、言葉の暴力もないし、暴力的な考えすら一瞬たりとも抱かない。
彼らは暴力を「自衛」と呼ばないし、「娯楽」とも呼ばないし、まして「スポーツ」だなどと呼びはしない。要するに、彼らはほかのどんな個体たちにも、物理的、感情的な苦痛を――ほんのわずかな不快さですらも――与えることを正当化できないし、支持もできない。

彼らがそれを実現できる方式があるんでしょうか？　彼らがそうなれるのは、わたしたちの知らないどんなことを知っているからですか？

彼らの文化からすべての暴力が消えたのは、彼らの現実からすべての怒りが消えたからだ。

で、それはなぜ……？

どんな環境あるいは状況のどんな瞬間においても、善良で、親切で、思いやりがあって、情け深く、利己的にならず、無条件の愛を与えたり受けたりしても、失うものは**いっさい何もない、**と知って生きているからだよ。彼らはどんな理由、どんなやり方でも生命を失うことはあり得ないと、また自分たちにとって価値のある何かを失うこともあり得ないと、知っている。なぜなら、彼らにとっては生命そのもの、存在そのもの以外に――その存在が、彼らが望む唯一の経験の機会を提供してくれることを彼らは理解している――価値のあるものは何もないから。

その経験とは？

「神性」の経験だ。

すると、彼らは殺されることはあり得ないのですか？　お互いどうしの暴力とは関係ない外部的な状況によってさえも、ですか？　たとえばブラックホールが（いま、思いついただけなんですが）

彼らの文明の本拠を呑み込んでしまうとか？

物質的な宇宙（universe）には、彼らがとっているかたちの変更を生命の喪失あるいは存在の喪失と同一視するような外部的な状況は何もない。

物質的な状態から非物質的な状態への移行は、彼らにとっては何ものの終わりでもない、と。

まさにそのとおり。彼らは、物質的にとっているかたちに何か起ころうとも、自分たちがつねに存在すること、存在は決して終わらないことを知っている。彼らがたまたま身体化して存在しているかもしれない星が「ブラックホール」に呑み込まれても、それは同じだ。

生命を失う恐れがいっさいないときには、暴力的になる理由は何もないのですか？　何かを失ったり、何か欲しいものが得られないときはどうなんですか？

すでに、あなたがたの星の〈マスター〉たちに言われているではないか。満たさなければならないと感じる欲望こそが、すべての苦しみの原因だと。そして、苦しみがすべての暴力の原因なのだよ。苦しみをなくせば暴力も消えて、消失し、解体し、なくなる。

充分に目覚めていれば、高度に進化した存在であれば、すべての欲望から逃れられますか？

欲望という機能障害から逃れられる。欲望に支配される破滅から逃れられる。自分の生命は決して終わらないことを知っているときには、経験したいと思うどんなことでも、それを創造するために――一度経験し、もう一度経験したいと思うことを再創造するためにも――永遠の時間があることがわかる。

宇宙にはこんな言葉があるんだよ。永遠の生命は永遠の平和をもたらす。いっぽう、経験したいことを経験するのに**限られた**時間しかないと想像すると、それを達成するために平和を投げ出すだろう。また達成できたら、それにしがみつくだろう。

確かに、その数行で人類の歴史が語れますね。するとべつの次元から来たHEBにとって、生命は永遠の現実と感じられているのですね。

それは永遠の現実なのだよ。**すべての**知覚ある存在にとって、生命は永遠の経験だ。だが、**物質的な身体**として自らを考え、表現していながら、その永遠性を現実と感じ、経験している知覚ある存在はとても少ないね。たいていは、物質性を現実として感じ取り、経験していて、その物質性が終わるときには自分たちの存在も終わると想像している。

せいぜい永遠の生命を、概念、理論、教義、信念としてとらえているだけだ。「そうかもしれない」とは思っているが、しかし確信していない。

わたしが話している充分に目覚めた個体たちは、**べつの次元**に存在しているから、彼らにとっては生命が永遠であるのは**確実**なのだ。

そりゃそうでしょうね。だって、彼らにとっては簡単なことなんだから。彼らはただ考えているだけでも、祈っているだけでも、願っているだけでもなく、経験している。それも……ええと、永遠なる昔から――経験しているんですよね。

あなたがたも同じだよ。違うのは、彼らはそれを知っているが、あなたがたは知らないということ。彼らはそれを覚えている。

わたしたちはそれを思い出せるのでしょうか？　どうすれば、わたしたちのすべてが思い出せますか？

あなたはいま、ここで何をしていると思っているのかな？

12

非暴力は、**高度に進化した存在と人類との際立った違い**ですね。そして、彼らが生命は永遠の経験であると気づいているから、暴力を不要にする状況を生み出しているに違いないと思うんです。でも、人類の経験のなかの暴力を減らしたり、さらには消し去ってしまうような、もっと「現実的な」手段がないものでしょうか？

わたしたちは数千年にわたって、人類という種のメンバーたちに、あなたがたの生命は永遠だと得心させようと試みてきました。この考え方が多くのひとたちに受け入れられているんですが、それでも顕著に暴力が減ったようには見えないんですよ。

暴力をなくす現実的な方法はあるよ。「べつべつである」という人類に深く根ざしている信念から、ただ離れればよろしい。

ああ、そうですね。わたしにもそれはすぐに「納得」できます。それに、べつの領域からやってきた**高度に進化した存在**の助けを借りる必要もない。だって、自分のまわりを見回しさえすればいいんですから。

わたしが見るところ、たったいま神を信じているほとんどのひとは——地球上では間違いなく最大多数派なんですが——いまでもしっかりと「**分離の神学**」を受け入れています。そのひとたちの神に対する見方は、人間は「こちら」にいて、神は「あちら」にいる、というものです。

それでも、それだけで終わっているなら問題にはならないでしょう。でも、「分離の神学」の困ったところは「分離の宇宙論」を生み出すこと――つまり、すべての生命について、あらゆるものがそのほかのあらゆるものとべつべつである、と見るようになることなんです。

そして、それもただの見解にとどまっていれば、そう悪くはないかもしれません。けれども「分離の宇宙論」の問題は、「分離の心理学」を生み出すこと――つまり、わたしは「こちら」にいて、そのほかのあらゆるものは「あちら」にいるという心理的な見方をするようになることです。

それもまた、それだけですむなら、生きていくのにさほどの支障はないかもしれない。でも、「分離の心理学」の問題は、「分離の社会学」を生み出すこと――つまり、人類社会のかかわりで、それぞれがばらばらの利害のためにばらばらの個体として行動するように仕向ける社会ができることなんです。

ここで、ほんとうに危険な領域に入ってしまいます。なぜなら、「分離の社会学」は必然的に「分離の病理」を生み出すからです――つまり、個人的、集団的に自己破壊という病理的な行動をし、苦しみや葛藤、暴力、それに死を自らの手で生み出してしまう――それは人類史を通じてどこを見ても明らかです。

わたしには、「分離の神学」が「一体の神学」に置き換わるときにしか、わたしたちの病理は癒されないように思われます。「一体の神学」は、わたしたちは神とは異なるけれども、神とばらばらではない、ということを受け入れるでしょう。手の指はそれぞれ違っているが、互いにばらばらではなく、手そのものによってつながっているし、手を通じて身体全体とつながっている。わたしたちはそれぞれ違っているが、ばらばらではなく、神の身体の部分であることでつながっているんです。

そう、あなたは完璧に表現したね。それなら誰にでも非常にはっきりわかるし、納得してもらえるよ。

そうですね。もちろん、どれも、あなたに教えていただいたことです。そしていま、わたしたちは再び――これまでのあなたとの交流である『神との対話』シリーズのときと同じように――すべての「生命はひとつ」であることを理解しなさいと、励まされているんですね。

そう。それがべつの次元から来た高度に進化した存在が理解しているだけでなく、経験していることだ。

彼らは生命が永遠であると知っているだけでなく、宇宙には分離はない――何であれ何ともばらばらではない――ことも知っている。その気づきが彼らの生き方の柱だ。それが、彼らの文明の基礎だよ。

それでは、わたしたちにとっては、それが目覚めた種になったときの最初の一歩ですね。そして、わたしたちはその一歩ですら、踏み出していないんだ。地球上でこんなに長い年月が――何千年もが――たった後なのに。

それは、たったいまあなたがたが踏み出すことができる最も重要な一歩だ。いままでしなかったことを思って落胆するのではなく、これからすることを思って勇気を呼び起こすことだ。

ほんとうにそうなることを願っていますよ。その考え方を機能する現実として受け入れることが、いまの地球上でのものごとのあり方を終わらせる始まりになるのが、わたしには見えるからです。それは新しい創造の、新しい明日の始点になるでしょう。人類の新しい文化の物語になるでしょうね。走って行って、みんなに伝えたいですよ。一体であることが生命の特色なのではなく、一体であることの特色が生命なんだ、って。

それはひとびとと分かち合うべき、とても力強いメッセージになるだろうね。そして、力強い働きかけに。

そうですね。それが、地上の存在についてわたしたちが理解していなかったことですし、それを理解すれば、あらゆることが変わるでしょう。

生命は一体そのものの表現です。神は生命そのものの表現です。神と生命はひとつです。わたしたちは生命の一部です。わたしたちはその外にいるのではないし、そんなことはあり得ない。だから、わたしたちは神の一部です。それは円環です。壊すことは不可能なんだ。

あなたの理解はべつの次元から来た高度に進化した存在たちの理解と同じだ。そして、それが

明確にわかっているのは、地上であなたひとりだけではない。

いま必要なのは、同じように明確にわかっているひとたちが、自分はそういう者であるとはっきりさせ、それから人類を目覚めさせるグローバルな企てに積極的に参加すること、それがすべてだよ。


そのときには偉そうにふるまって、目的をだいなしにしないようにすることですね。だって、それでは誰も耳を傾けてはくれないでしょうから。


あなたがそこに繰り返し立ち返っているのは良いことだよ。確かに、あなたが自分自身を「知者」としてほかから切り離し、ほかのひとたちが知らないことを教えるのが自分の仕事だなどと思ったら、目的達成どころか逆効果だからね。

あなたがたの使命は、ほかのひとたちが知っていることを語ることだ――そのひとたちはただ、自分が知っていることを**知らない**のかもしれないからね。

それは穏やかに分かち合い、穏やかに目覚めさせることで、揺さぶってびっくり仰天させることではない。そんなことをしたらみんな、もう一度眠りに戻りたいとしか思わないだろう。


わかりました。すると、そのたったひとつの変化とは、以前わたしが決断ひとつだと言った決断をべつのやり方で表現しているんですね。それによって、地球上にたちまち新しい生き方がもたらされる可能性がある。そう思うとわくわくします。そこから生まれる可能性を思うとわくわくしますよ。

それでもまだ、その高度に進化した存在がわたしたちに促しているやり方で日常生活を生きたら、実際問題として地上での日々の経験がどんなふうに変化するのかを、ひとつ二つではなくて、もっと知りたいんです。

それではリストにしてあげようか。

ぜひ、お願いします。

13

これを覚えておくといいのではないかな。少なくとも、よく目につく場所に貼っておくとかね。

①目覚めた種は「すべての生命は一体である」とわかっていて、そのなかで生きている。目覚めていない状態の人間はよくこれを否定したり、無視したりする。

②目覚めた種はつねに真実を語る。目覚めていない状態の人間は自分自身にも他者にも嘘をつくことがよくある。

③目覚めた種は何かを言えば、そのとおりのことを行うだろう。目覚めていない状態の人間は、言うことと行うことが異なる場合がよくある。

④目覚めた種はありのままを見て、認識し、つねに効果のあることを行うだろう。目覚めていない状態の人間はその逆のことがよくある。

⑤目覚めた種の文明では、人間が「正義」「懲罰」と呼ぶ概念と関連する規範は受け入れられていない。

⑥目覚めた種の文明では、人間が「不足」と呼ぶ概念と関連する規範は受け入れられていない。

⑦目覚めた種の文明では、人間が「所有」と呼ぶ概念と関連する規範は受け入れられていない。

⑧目覚めた種はつねにあらゆるものをあらゆる者たちと分かち合う。目覚めていない状態の人間はそうしないことがよくあり、ただ限られた状況でしか他者と分かち合わない。

⑨目覚めた種は技術と宇宙論のあいだの、機械と自然のあいだのバランスを創り出す。目覚めていない状態の人間はそうでないことがよくある。

⑩目覚めた種はどんな状況でも、相手に直接に頼まれない限り、決してほかの知覚ある存在の現在の物質的表現を終わらせることはない。目覚めていない状態の人間は、相手に頼まれていないのに、ほかの人間を殺すことがよくある。

⑪目覚めた種は物質的なかたちを取っている種のメンバーを支える物質的環境を破壊したり、傷つける可能性のあることは決してしない。目覚めていない状態の人間はそうすることがよくある。

⑫目覚めた種は決して自ら有毒物を摂らない。目覚めていない状態の人間はそうすることがよくある。

⑬目覚めた種は決して競わない。目覚めていない状態の人間はお互いに競い合うことがよくある。

⑭目覚めた種は何も必要ではないことを明確に知っている。目覚めていない状態の人間は必要性に基づく経験を創り出すことがよくある。

⑮目覚めた種はあらゆるものに対する無条件の愛を経験し、表現する。目覚めていない状態の人間は、それを行っている「神性」すら考えられず、まして自分で行うなど想像できないことがよくある。

⑯目覚めた種は形而上的な力を活用している。目覚めていない状態の人間は、その力をほぼ無視していることが多い。

もちろん、ほかにももっと違いはあるが、いま挙げたのは目覚めた種の主たる特質の一部で、彼らと目覚めていない状態にある現在の人類との主要な違いだよ。

いやあ、このリストは、生命と離反している人類全体に対する告発だって気がしますよ。

おとなが理解していることを三歳児は理解していない、と観察したら、それは「告発」だろうか？ あなたがたが知っていることを知っている、ということを言祝《ことほ》ぎなさい！ 自分たちのふるまいと

もっと役に立つふるまいの違いを明確にできたことを、言祝ぎなさい。知の成長を言祝ぎなさい。あらゆる子どもの幼い足取りを言祝ぐように。

思い出させてくださって、ありがとうございます。あなたはいつもポイントをはっきりさせてくださる。わたしたちはほんとうに、ごく若い種なんですね。それを具体的な言葉で自分に叩き込んでおくべきかもしれませんね。そうすれば、ひとびとの精神のなかで現実として受け止められるんじゃないかな。

大勢のひとたちが、人間は高度に進化していると考えたがっています。実際には、人類はこの地球上で**幼年時代**から脱したばかりなんですね。ロバート・オーンスタインとポール・エールリッヒは著書『ニュー・ワールド・ニュー・マインド』（邦訳なし）のなかで、そのことをとても衝撃的な表現で、わかりやすく述べています。

――「地球の歴史を一年のカレンダーで表すとしよう。一月一日の真夜中が地球の始まりで、十二月三十一日の真夜中が現在だ。そうすると、地球の『一年』のうちの一日は、実際の歴史の千二百万年ということになる。この尺度では、最初の生命、つまり単純な細菌は二月のいつかに現れるだろう。しかし、もっと複雑な生命体が現れるのははるかに後のことだ。最初の魚類が現れるのは十一月二十日あたり。恐竜は十二月十日ごろに現れて、クリスマスの日に消える。人間と認められる最初の祖先は十二月三十一日の午後にならないと登場しない。ホモサピエンス――わたしたちの種――が現れるのは、午後十一時四十五分ごろ。……そして、記録のある歴史上のできごとはすべて、一年の最後の一分に起こる」

それは、とてもわかりやすくて見事な表現だね。そして、そんなふうに全体を見通すと、人間社会でほとんどのひとたちが見ていることの多くを否定する理由も、理解できるのではないかな。彼らは自分の感情さえ否定し、結局、自分自身の真実まで否定する。

でも、前にも言いましたが、わたしたち人類という種がどれほど成長の初期にあるかという、ここで繰り返し言われてきたことは、わたしには大きな希望を与えてくれます。わたしたちが可能性の実現に向かって成熟し、成長すれば――わたしたち個人にとっても、また人類全体にとっても――すばらしい、ほんとうにすばらしい日々が未来にはあるとわかりますから。

あなたがたを待っているのは、壮大なチャンスだ。それが水平線のすぐ向こうにあるのだよ。

そうですね。だから「前進するのに絶好のとき」なんですよね！　でも、まだ待たなければならないのでしょうか――わたしはもう答えを知っていると思いますけれど、それでもお尋ねします――わたしたちの誰かが高度に進化した存在のような生を経験できるようになるには、全人類が、あるいは人類の大半が目覚めるまで待たなければならないのでしょうか？　だって、ほとんどの人間がそこまで達するのを待っていたら、とても長い時間がかかりそうですよ。

あなたの言うとおりだ。あなたはすでに答えを知っている。あなたがたは待つ必要がないばかりではない――待つことを**想定されてもいない。**

歴史はいま、地上の誰が言葉と行動を通じてそのような生き方の手本となろうと決断し、人類を目覚めさせるグローバルな運動に参加するだろうか、と見守っている。

地上の誰が、自分の「真の性質」を充分に言祝ぐだろうか。そして誰が、そうなったときに未来に待っているすばらしい日々を、喜びとともに共同して創造するだろうね?

14

納得しました、脱帽ですよ。これで、自分自身を目覚めさせるにあたって――というか、あなたのお言葉を借りれば、すでに目覚めていると知ることを自分たちに許すにあたって――それから、人類を目覚めさせる助けをするにあたって、**高度に進化した存在**に関する情報が役に立つし、助けになることがよくわかりました。

これから出かけていって、これらの原則の多くを分かち合いたいという気持ちでいっぱいです――それは、あなたが指摘なさったとおり、「空想的」なものではなくて、どのように愛するかということについてのもっと壮大な考え方なんですね。わたしはそれをまず人生で実践したいし、それからほかのひとたちに知ってほしいですね。

ところで、その前に、あのリストのいくつかのポイントをもっと突っ込んで、手短に解説していただけると、とてもありがたいのですが。そうすれば、実生活でそれを生きて分かち合おうとするとき、現実としては「どんなふうに」なるのかがわかると思うんですよ。

喜んで説明するよ。まず、リストの一番目から始めよう。

目覚めた種は「すべての生命は一体である」とわかっていて、そのなかで生きている。目覚めていない状態の人間はよくこれを否定したり、無視したりする。

高度に進化した存在は、すべてが**「一体」**であることを決して疑わない。彼らは、存在しているのは**「ただひとつ」**であること、すべては存在している**「ひとつ」**の部分であることを経験的に知っている。

なぜなら、彼らはべつの次元で生きているから、それをただ概念として知っているのではなく、実際に目で見ることができるからだ。彼らには、あらゆるものの分子サイズ以下のレベルの構造が見える。

彼らは、宇宙にあるエネルギーはたったひとつ――**ひとつの源（Source）あるいは力（Force）**――であり、要するにそのソースあるいはフォースが宇宙を構成する基本的な要素を混ぜ合わせて、あれこれを足したり引いたりし、それから、そのさまざまに組み合わされた要素の波動の周波数を変えて、**「基本的なエッセンス（Essential Essence）」**のさまざまな表現を生み出していることを目の当たりに観察している。

わたしはそのさまざまな表現を、「単一性の個別化（Singularizations of The Singularity）」と呼んできました。

それは、見事な名称だね。じつに正確に実体を言い表している。存在するすべては、この秘法によって創造されている。それが宇宙のスープの「レシピ」を作っているのだよ。

基本的な要素は、要素それぞれの意識的選択を通じて相互に引き寄せられ、そのあり方は、わたしたちがあなたがたの魂と呼ぶ「基本的なエッセンス」の結合エネルギーによって影響されている。

ちょっと待ってください。要素レベルに「意識」があるんですか？？？

もちろんだ。あなたが要素レベルと呼んでいるのが意識だから。それは**「作動している意識」**なんだよ。

あなたがたの身体のすべての細胞は、知性をもって作動している。あなたが小指を切っただけでも、必ずその場所に細胞が急ぎ集まってきて、傷を修復しようとするだろう。**あなたの身体の細胞たちは自分が何をしているのか――それはなぜなのか――を知らないと思うのかな？**

それから言っておくが、宇宙のあらゆる要素にはこの基本的知性が吹き込まれているのだよ。

驚いたなあ（オー・マイ・ゴッド）。

まさにそのとおり。

その要素たちはお互いに話し合えるんですか？　いや、「話す」という表現をここで使うのはおかしいかな。わたしが聞きたいのは、身体の細胞は細胞どうしでコミュニケーションできるのか、ということなんです。

もちろん、できるよ。あなたは「思考」とは何だと思っている？

「思考」が細胞どうしのコミュニケーションなんですか？

そう、そうなんだよ。あなたは、脳細胞がどのように働くかを知っているかな？

ええ。でも脳の場合は、ニューロンとかペプチド、細胞体、樹状突起、そういう話じゃありませんか。身体全体の細胞は、脳細胞とは違うでしょう。

違うのかな？　誰がそう言ったのだね？

繰り返すよ。生命のあらゆる部分に基本的な知性が吹き込まれている。いいかね。**宇宙のあらゆる細胞、あらゆる粒子、あらゆる分子以下のレベルの要素に、だ。**

それなら、わたしがやってほしいことを身体の細胞にやらせられるような、そんなコミュニケーション手段が何かあるはずだな！　たとえば、病気を治すとか。

あなたの言うとおりだ。あなたが言いたいのが、思考のエネルギーは身体の細胞に影響を及ぼす、という意味ならね。

フランスの心理学者で薬剤師のエミール・クーエの勉強をしたのを思い出すな。二十世紀初めに楽観的な意識的自己暗示に基づく心理セラピーの手法を導入したひとですがね。彼は病人たちに、一日に少なくとも二十回――とくに朝と寝る前に――「わたしは毎日、あらゆる面でどんどん良くなっている」、と繰り返し唱えさせたんですよ。

それで、結果は？

患者の驚くほど多くが良くなりました！

それはそうだろうね。

いやあ、びっくりだなあ。それなら、身体の細胞の大多数に多くの場合、同じことを選ばせるってことも可能なんでしょうか？

なるほど！　それは地球上のひとびとについて、いまあなたが自問している内容と同じだね。

そうなんです！　まさに同じ疑問です。

その答えだがね。上手に調整すれば可能だよ。生命の要素が存在する部門あるいは分野の内部で、目的がうまく調整されていれば、互いに協力し、一緒になって調和して行動しようという選択を、その要素が行う。

生きる各瞬間ごとに、方向性について魂との調整が行われていれば、あなたがたの身体は細胞レベルから、そのフェムト秒における魂の課題《アジェンダ》に基づき、調和し、一体となって行動するだろう。

そうか、ちょっと調べなくちゃ。フェムト秒というのは、一千兆分の一秒ってことですね。

そのとおり。そして、あなたの魂は、あなたとともにある「基本的なエッセンス」のエネルギーの「源《ソース》」なのだ。

魂は「わたしたちの内なる神」ですね。

まったくそのとおり（indeed）。思考だけでなく、また言葉だけでもなく、行為（deed）においても、そうなのだ。魂は神という「存在」の個別化したものの表現だ。それは表現された神の「存在」だよ。

地球上のわたしたちの場合、魂は人間である神で、人間は神である魂なんだな！

まさに正しい！　的確だ！　まったくだ！　そのとおりだよ！　まさしく明らかだ！

あなたは完璧に表現したね。

いやあ、こうなると、いままで思っていた以上に形而上学的な領域に深く入り込んでいきますねえ。でも、質問があるんです。あなたは、宇宙のあらゆる生命表現の分子以下のレベルのあらゆる粒子に、何かをさせようと説得しなくてはならない、とおっしゃっているんですか？　ほんの小さなエネルギー粒子が、差し出されたさまざまな代替案のなかの選択肢を吟味し、判断して決断する意志をもっていると、そうおっしゃるのでしょうか？
だって、それじゃ行き過ぎではないですか。地球上の残るひとびとのことは措《お》いておくとしても、わたし自身のすべての部分に対して、さあ同じことを行えと合意させるなんて、どうすればできるのでしょう……

それが問題だ、そうではないかな……
それがあらゆるときを通じて最大の疑問だ。
だが、実際にはあなたが考えるより簡単なのだよ。

クーエ氏は、それは考えるのと同じくらい簡単だ、と言っています。

そして、それが生命の最大の秘密だ。それが理解できれば、あなたは〈マスター〉になっている。

それでは形而上学的にどんなふうに働くのか、教えてください。わたしは思考の力について何千回も聞かされてきましたが、では、それはどう働き、何が働かせているのでしょうか？

あなたは自分でも言っていたし、わたしも承知しているが、じつに飽くことを知らない精神の持ち主だね。だが、あなたはほんとうに宇宙の秘法を取り上げたいのかな？

15

この対話に関しては、ほんとうに計画していないんです。ただ、行くところに行くのだろうなと思っているだけで。あなたが教えてくださったリストの残る部分の探究を、あまり先延ばしにしたくはないのですが、この問題はあまりに魅惑的で、通り過ぎるわけにはいかないんだな。手短でいいですから、取り上げていただけませんか？

かまわないよ。もちろん、このテーマはそれだけで一冊の本ができるくらいだ。それでは、**「形而上学初級編：究極の現実の短期講習」**をしてあげよう。

この対話でも少し前に指摘したが、生命のすべての要素には、あなたがたの言葉で**「知性」**と呼ばれるもの――あるいは生得の機能への**「気づき」**――が吹き込まれている。

この気づきは、それぞれの要素の能力を最大限まで満たしている。つまり、あらゆる要素に**「神性」**の知性が徹底的に、充分に、すみからすみまで吹き込まれているのだよ。それどころか、要素それ自身が粒子のかたちをした知性で**「ある」**と言っても、間違いではないだろう。

すると、生命のあらゆる要素は、いちばん小さな分子以下のレベルの粒子に至るまで、「神の精神(Mind of God)」なんですね。

あなたの詩心で言えば、そうとも表現できるだろうね……わたしとしては、反論する理由はないな。

さて、**「基本的なエッセンス（Essential Essence）」**の要素は、あなたがた人間の言葉で言うなら**「共通の働き」**の側面あるいは特質によって、互いに引かれ合う。

要するに、それらはすべて、何かをしようと試みているわけだ。そして、その何かは**「同じ」**なのだよ。生命の要素はすべて作動しており、永遠に動き続け、振動し続けている――それにはもちろん目的がある。

目的はシンプルに**「存在する（BE）」**ことだ。それらは、生命とは運動であると知っている。運動が止まれば、あなたがたが生命と呼ぶものは存在しなくなるだろう。

［生命／生］＝［運動］＝［生命／生］。

そのとおり。

さて、それぞれの要素がどういう「存在である」ことを望むか、**それは問題ではない。**個々の要素はそれについて、とくに好みをもってはいない。ただ存在したいだけ。「存在する」ことを望んでいるだけなのだ。

そこで、「調整」と呼ばれるもの――そして、それに続くいわば共同の、あるいは統一的な行動――が、個々の要素より大きな何らかの力《フォース》の波動に影響されて創り出される。

自然のすべてが一貫して、このように働いているのだよ。力《フォース》が大きいほど、その「影響領域」にある小さな要素すべてに働く「引力」も大きい。だから、何らかの「影響領域」にある要素は全部、引き寄せている大きな力によってきれいに調整される。

誰も、そんなふうに説明してくれたことはなかったなあ。どうして、子どもたちみんなに、そんなふうにシンプルに説明できないんでしょうか？

説明できるよ。そして**高度に進化した存在**の文明では、それが行われている。その気づきが、生まれ来るあらゆる個体と分かち合われ、それぞれが**「生命は一体」**であることと**「生命の円環(Circle)」**について聞かされている。

だから、あなたがたが創造的な存在として、最も小さな粒子に至るまで生命の全要素が特定の方向に動くことを望むなら、特定のやり方で結合したエネルギーの力に焦点を絞り、調整を創り出さなければならない。

そして、その力とは**「思考」**なのだよ。

それでは、その力は何が生み出しているんですか？　どうすれば、エネルギー——つまり「思考」——の焦点を特定のやり方で絞ることができるんでしょう？

欲求だ。

欲求は魂のなかにある。それは一言で定義された魂だ。魂とは——それ自身を経験したいという——神の欲求のローカルな表現なのだ。

欲求は意図の創造者。意図は思考の創造者。思考は行動の創造者。行動は結果の創造者だ。

ただし、すべての思考が魂の欲求から生じる意図によって創造されるわけではない。思考もまた、ある意味では「それ自身の心（mind）」をもっている。つまり、思考を生み出すエネルギーの衝動は、身体の欲求から生じることもある。

それは異なる種類の行動を生み出し、魂の意図とまったく違った結果が生じる可能性がある。魂は魂の意図を心に植えるのだが、ある瞬間、身体のほうが**「心外」**な方向にあなたがたを引っ張ってしまう。

それが起こるのは、自分は魂だと知っているのとは逆に、自分は身体だと考えるときだ。


わたしたちの大半は、魂があればいいなと願っているだけ、あるいはあると信じているだけで、確実に知ってはいないんですよね。でも、身体があることは確信している——だから、ほとんどは、自分は身体だと思うわけです。


今度もまた、あなたはとても見事にまとめたね。それで、パズルのピースがきれいに収まる。

さて、「基本的なエッセンス」の全要素は——個々の魂から身体の（それに宇宙の）個々のエネルギーのあらゆる単位まで——**「欲求」**を吹き込まれている。それが、そのサイズに比例した特定のかたちのエネルギーの表現となる。

最小の要素は最小の**「欲求」**をもっている。最小要素が引き寄せられ合体して生み出した大きな要素は、大きな**「欲求」**をもっている。

どの生命要素のなかにある**「欲求」**の量も、その要素のサイズと比例した大きさで存在していることがわかるはずだ。**「欲求」**を生命というエンジンのスパークプラグと考えるといい。

すると、わたしたちが「神」と呼ぶものが存在するすべてであるなら、「神の欲求」とはあらゆるもののなかで最大の「欲求」になりますね。

そのとおり。今度もまた見事な洞察だ。そして、**「神の欲求」**とは、知覚ある存在のすべてが――つまり、自意識をもち得る大きさ、洗練度、複雑度をもった生命のあらゆる要素が――**「自由意志」**と**「意識的選択」**を利用して、それ自身の現実を創造する能力を有することなのだよ。

生命の基本的要素――**基本的なエッセンス**の個々の小さな粒子――には、要素の**調整と組み合わせ**についてとくに好みはない、ということを、宇宙の秘法にあわせて説明すると、そうなるね。

あなたがたの魂はそのような粒子の集合で、意図をもっている。あなたがたの魂は**「神性」**の意図のローカルな表現であり、あらゆる瞬間にそれぞれの知覚ある存在が定義する**「神性」**を表現している。

その存在は何であれ、自分が選択するものを創造する自由をもっている。それが「神性であること」の最大の表現・証明だ。べつの言い方をすれば、あなたがたはみな、自由意志をもっている、ということだね。

思い出せばわかると思うが、わたしは対話の最初から、あなたがたが人生をどう生きるかに関して、神にはとくに好みはない、と言い続けてきた。わたしのただひとつの「欲求」は、あなたがたの選択・好みが力をもつことなのだから。

したがって、何が「重要（matter）」かは——あなたがたが純粋なエネルギーから実体のあるどんなモノ（matter）を生じさせるか、ということだが——個人として、集団としてのあなたがたに任されている。その選択をするにあたって、あなたがたは身体の言葉にも、精神の言葉にも、魂の言葉にも、耳を傾けることができる。

これが、**「形而上学初級編：究極の現実の短期講習」**だ。

16

すごいなあ。いまのお話はとても含蓄がありますよね。いつまででもお話ししていたいくらいです。でも、リストのほかの項目についても取り上げたいんです。わたしたちが自分たちを長い眠りから目覚めさせるにあたって、いったい何について話しているのかがわかるように――

それに、あなたがたの最近の経験である、目覚めているのにそれを知らない、あるいはそれらしくふるまわないということから目を覚ます、ということだね。

そうです。そしてほかのひとたちを目覚めさせたいとつつましく願うにあたって、です。それでは二つめの項目にいきましょうか?

そうだね。二つめの項目はこうだ。目覚めた種はつねに真実を語る。目覚めていない状態の人間は自分自身にも他者にも嘘をつくことがよくある。

たとえば、あなたがたが小さな子どもたちに見せたり聞かせたりし続けている音やイメージは、子どもたちの生命に関する考え方にまったく影響しないから、次の世代が日々の経験をどう創造していくかとも関係がない――こう**高度に進化した存在**を説得しようとしても、難しいだろうね。

逆に、あなたがたは自分たちの社会で増加している暴力の少なくとも一部は、そのようなイメージの猛攻が続いているせいだ、とは認められないだろう。認めてしまったら、なんとかしなければならないからね。そして、あなたがたはそれについて何もできないと考え、だから無視しているほうがいいと思っている。

そうですね。わたしたちは何度か、テレビ番組や映画、ビデオゲーム、インターネットサイト、それに子どもたちの玩具まで、どこを見ても暴力、暴力、暴力で——さらには子どもたちに暴力を「遊び」として使うことを推奨さえしていることについて、話してきました。

それでも、あなたがたはそのいずれについても、どうする力もない——もっと悪いことには、それでかまわない——と想像している。

ひとによっては、タバコについても同じ態度です。あるいは不健康な食生活。運動不足。それから、人間を絶え間ない争いに追いやっている社会的価値観についても。

自己破壊的な行動を眼前にしながら手をこまねいているのは、自分自身を大切にしない、あるいは理解していないために自分を傷つけるのをやめようとしない知覚ある生物の特徴だ。

四歳の子どもなら、それも仕方がないかもしれませんが、四十歳の親は違いますよね。だから、わたしたちは少なくとも真実を見て、見た真実を伝えるくらい、成長しなければなりません。

それは、良いスタートになるだろうね。

高度に進化した存在は真実から目をそらさず、つねに真実を見て、必ず真実を語るんですね。

そう。目覚めた種は共通の意図からして嘘をつけない。目覚めた種のメンバーは、自己欺瞞《ぎまん》や他者への偽りがまったく非生産的で、共有している欲求や意図に近づくどころか遠ざかることを学んでいる。高度に進化した存在にとっては、どんな場合でも真実でないことを伝えるのは文字通り不可能なのだ。なぜなら、そんなことをすると、それぞれの波動が変化し、伝えようとしていることがその個体が知って理解していることと同期していないことが明確になってしまうから。

わたしたちが――少なくとも一部が――嘘をつこうとすると赤くなるように。

そう、**そのとおり。** ただ、もっとレベルが高い。個体たちすべてが微妙に変動する波動をもっているので、真実が文字通り振り出されてしまう。だから、そもそも嘘をつこうと試みることが無駄なのだ。

人間が欲求と意図を共有しているときには、互いに嘘をついたりはしないだろう。嘘をつくのは、相手と違うことを望んでいることを表している。それはあなたがたにも自明かもしれないが、しかし、どうすればそれをなくせるかは、そう明確ではないかもしれない。

偽りが終わるのは、分離が終わるときだ。あなたがたの文化と文明が、あなたがたはかたちが多種多様であるだけでほんとうはひとつであり、だから欲求もただひとつ、したがって意図もただひとつである、と決断するときだよ。

それで、その欲求とは何なのでしょう？

あらゆる瞬間の表現において、生きとし生けるものが望んでいるものを完成させること。

それは何なのでしょう？

前にも言ったが、繰り返そう。唯一ほんとうの自分としての自らを経験すること。ほんとうの自分、つまり「神性」だよ。あるいは、以前にも言ったように、あなたがたの言葉を使うなら、「愛」だ。あなたがたが「愛」と呼ぶエネルギーだ。宇宙の一体性とは、あらゆるかたちのあらゆる生命への「神聖な愛」の、神による表現なのだよ。

17

それでは、三つめの項目についてもぜひ聞かせてください。

目覚めた種は何かを言えば、そのとおりのことを行うだろう。目覚めていない状態の人間は、言うことと行うことが異なる場合がよくある。

それに、人間たちはいつも思っていることを言うとは限らない。高度に進化した存在にとっては、思考のなかにあることを伝えないのは――これは、あからさまに嘘をつくのとはべつだよ――無益なふるまいに思われるだろう。

考えているのに表現しないと、どんないいことがあるんだろうね？　それに、高度に進化した存在にとっては、こうしようと互いに言った、あるいは自分自身に言ったことを実行しないのも、同じく無益なふるまいと思われるだろう。

もし、わたしが考えていることがあまり感心しないことだとしたら、どうなんですか？

どうして、あまり感心しないことを考えるのだね？　そんなことはやめなさい。ときには、心のなかを何らかの考えが走り抜けるかもしれないが、それを心に留めておく必要はないのだよ。

自分でもどうしようもなかったら？

おやおや、何を言っているのかな。あなたは**自分が何をつかみ続けるかを自分で決められないと思っているのかな？**　あなたがた人類という種がやっかいごとだらけなのも、無理はないね！

そうなんです。わたしもそう思いますよ。それに、わたしは自分の考え方をそうとうに変えてきたんです。でもまだ、頭のなかを通り過ぎる考えのすべてに人と分かち合う価値があるところまではいかないんです。

それはそうだろうね。そうではなく、あなたがつかんでいる思考を分かち合うだけでいい。ところで、あなたがつかんでいる思考のすべてが祈りだ、ということは、もちろんわかっているだろうね？

プレッシャーをかけないでくださいよ。

実際、高度に進化した存在には、プレッシャーなど**ないんだよ。**彼らがやっているのは、表現したくないような考えが心を通り過ぎたら、ただちに心を変えること、それだけだ。

もし、ネガティブな考えが一瞬ちらつく経験をしたとしても、彼らは決してそれを**再考しない。**

そうしていると、現実を作り上げそうになるのを見たくない思考はナノ秒以上留めておかないように、心が訓練される。彼らはそんな思考はつかまない、それだけだ。ただちに手放し、新しい、もっと前向きな思考に移動する。

これを「新しい思考運動（New Thought Movement）」と呼んでもいいかもしれないね。そして、仲間を募って、この運動を実践したらどうかな。

ええ、前にもそうおっしゃいましたね。

そして、間違いなく、これからも言うだろうな。それが今後の役に立つなら。

さて、通り過ぎる思考が前向きなら、新しい思考を心のなかで動かし続けなさい。それから、心に留めている思考が前向きなら、もちろん関心があるかもしれないひとたちと、あるいは興味をもちそうだと思われるひとたちと、自由に分かち合えばいい。

何かを言って、そのとおりに行うことについては、自分の言葉の縛り（bond）だとすればよろしい。そして、いま言おうとしていることを実行しそうもないと思うなら、あるいは実行できないと思うなら……**言わないことだ。**

また、言ったときは実行するつもりだったが、後になって何か支障が起こって実行できなくなったら、言った相手みんなのところに出かけて、はっきり伝えなさい。そのひとたちに真実を語ること。なぜ言ったことが実行できなくなったかを、つつましく、穏やかに説明しなさい。

あらゆることについて、あらゆるひとに真実を語りなさい。それが、高度に進化した存在の生き方だよ。

わたしが思うに、最初のいくつかの項目はどこかのレベルで関連していますね。たとえば、四つめの項目はいまのと直接につながっています。

そう。四つめの項目はこうだ。目覚めた種はありのままを見て、認識し、つねに効果のあることを行うだろう。目覚めていない状態の人間はその逆のことがよくある。

これって、一つめ、二つめ、三つめとよく似ていて、切り口が違うだけですね。四つめの項目が地上の日常生活とどう関連するのかを説明してくださいませんか。そうしたら、わたしたちに及ぼす影響がもっとよくわかると思うんです。

もちろん、いいよ。この最初の項目のいくつかは関連していて、あなたもそのいくつかに気づいているが、ここで全体をまとめてみよう。

あなたがたの目的が、平和で喜ばしい、愛のある生き方をすることなら、暴力には効果がない。このことはすでに、立証されているね。

あなたがたの目的が、健康で長生きできる生き方をすることなら、毎日、死んだ肉を消費し、発がん性があるとわかっている喫煙をやめず、アルコールなど神経を破壊して脳をむしばむ液体を定期的に大量に摂取することは、効果がない。このことはすでに、立証されているね。

あなたがたの目的が、暴力や怒りから解放された子孫を育てることなら、彼らがいちばん感じやす

い年頃に暴力と怒りの鮮烈な描写をみせつけることは、**効果がない。**このことはすでに、**立証されているね。**

あなたがたの目的が地球を大切にして、その資源を賢く維持管理することなら、資源が無限であるように行動することは、**効果がない。**このことはすでに、**立証されているね。**

あなたがたの目的が、愛ある「神性」を発見し、関係を培って、それによって宗教が人間社会のあれこれに違いをもたらすようにすることなら、正義と懲罰、そして恐ろしい報復の神を教えることは、**効果がない。**このことはすでに、**立証されているね。**

もっと、事例が必要かな？

いや、充分につかめましたよ。すべてがそんなふうにつながっているっていいなあ、と思います。つまり、ひとつが自然に次のことにつながっていきますよね。人間が最初の傾向を克服したら、言行不一致をやめるのもずっと簡単になるだろうな。その傾向とは、あらゆること、あらゆるひとをひとつではなく、べつべつだと見ることです。それから、ありのままを見ずに、無視する傾向ですよね。最後はあらゆるひとに、あらゆることについての真実を語らないことです。

それがよくわかれば、言うことと行うことが違うという、三つめの項目にある傾向を捨てるだろうし、四つめの項目のように「ありのまま」を見て、その真実全体を語り、「効果があること」を実行していけるようになるでしょうね。

見事に表現したね。すばらしい要約だ。ほんとうに、じょうずにまとめているよ。

ここで、とても明確に説明してくださったことを感謝します。こうなると、四つめの項目をこれ以上説明していただく必要はもうありませんね。べつの次元から来たＨＥＢたちは「ありのまま」を見て語り、何も隠さないし、何からも目をそむけず、統一された同じ課題に向けて前進するのに効果があることだけを実行するんですよね。

人間たちも、種として充分に目覚めれば、同じことをするだろう。それはまた、成功への足掛かりのひとつになるだろうね。

そのお言葉を聞いて、とても嬉しいです。希望が湧いてきます——これから、ほんとうに目覚めが実現するんだと思えて。

あなたがたは、それを実現する力の一部になれるんだよ。それが、三つめの招待の内容だ。そしていま、人類はその目覚めを創造する道具《ツール》を得た。

それから、意志も。

いまのあなたがたは、ほとんど瞬時に全世界とコミュニケーションできるし、そのプロセスに参加しようと自ら決意したひとたちの割合は増加し続けている。

あなたが前に言ったとおり、あとは決断ひとつなのだよ。

18

それでは、五つめ、六つめ、七つめの項目にいきましょうか。これはみんな、地上のあらゆるところで、社会にかなり深くしみこんだ人間の文化的な物語の一部と関連していますね。

よろしい、では見ていこう。

五つめの項目はこうだね。目覚めた種の文明では、人間が「正義」「懲罰」と呼ぶ概念と関連する規範は受け入れられていない。

六つめ。目覚めた種の文明では、人間が「不足」と呼ぶ概念と関連する規範は受け入れられていない。

七つめ。目覚めた種の文明では、人間が「所有」と呼ぶ概念と関連する規範は受け入れられていない。

これって、すごい言葉ですよね。どんな集合体にせよ――たとえ、べつの次元から来た高度に進化した存在の集合あるいは集団であっても――行動を規制する規範なしに暮らせるものでしょうか？　それに、そういう集合体のメンバーはどうやって、「不足」を経験せずに生きられるのでしょう。自分の所有物と呼べるものが何もないのであれば、なおさらです。

二番めの問いから見ていこうか。生き延びられないということがあり得ないと知っていれば、生存に必要なものは何でも、つねに「充分」なのだよ。

言い換えれば、生存が問題にならないときには、充分とか不足という考え方は意味をもたなくなる。そのとき、誰にとってもいちばん重要な問題は、生き延びるか**どうかではなく、**どのように生きるかになる。

永遠の存在の保障の結果として、存在するすべてを存在するすべての者と完全に充分に分かち合うし、物質的領域の特定の状態や状況あるいは環境で、無限に供給されるわけではない要素や品物《アイテム》があれば、何でもみんなで節約することになる。

その結果、不足ということは聞かれなくなる。物質的環境で無限に供給されるわけではないものは何でも、簡単になしですまされるか、あるいは代替となるものが創造されるからね。

宇宙のどこかに、基本的なものが底をつくことがない場所があるなんて、すてきですね。でも、この地球上はそれほど幸運ではないんです。

いや、あなたがただって実際にはそうなんだよ。あなたがたが必要な基本的要素で、地球上で底をついてしまうものは何もない。

ほんとうですか？　水のような簡単なものはどうでしょう？　前にも言いましたが、いまこの日でさえ、そうとうな割合のひとたちが、きれいな水を使えないんですよ。

それは、水が不足しているという問題ではなく、意志が不足しているのだ。人類のなかで、きれいな水を手近で利用できないひとたちにきれいな水を提供しようと思うひとの割合が充分ではない。そういうひとたちが充分にいれば、水不足は問題ではなくなる。

もちろん、おっしゃるとおりです。ウエブサイトにある世界資源研究所のレポートには、こうあります。「正しい情報があれば、極端な苦境に直面している国々は、水資源を管理し保全する戦略を実行して、資源を確保することが可能である」

残念ながら、最底辺の経済状況にある国には、その能力がないのでしょう。だから、そうなるためには、世界のもっと豊かな国が助けなくてはならないんですよ。

そのとおり。要するに、文明の分かち合いの問題だ。確言するが、地上には、ひとびとが清潔できれいな水を――それに「暮らし」に必要なほかのものも――利用できない場所はあるはずはないのだよ。地球上のひとたちがお互いを充分に思いやりさえすればね。

だが、思い出さなければならないことがある。あなたも前に指摘したように、わたしたちが話題にしているのは、毎日六百五十人以上の子どもを飢え死にさせている種だ、ということだ。

そう、わたしたちは確かに原始的な種です。わたしたちの行動――あるいは行動の欠如――が、それを立証しています。

いやいや、原始的であってもなくても、地球上のひとたちが**食糧不足**で死ななくてはならないことはない。なにしろ、あなたがたの地球上では、パリやロサンゼルスそして東京などのレストランで、今夜食べ残されたものを集めれば、世界のどこかの小さな村を一週間養うのに必要なぶんよりももっと多い食糧が得られるのだからね。まして、子どもが飢え死にしなければならない必然性はない。

わかっています。アメリカ合衆国農務省は、アメリカだけでも食糧供給の三〇パーセントから四〇パーセントが廃棄されていると推定しています。政府の公式統計を見ても、二〇一〇年には店舗やレストラン、家庭で、推計六億トン以上の食糧が捨てられたそうです。

わたしたちがいま話題にしているのは、高度に進化した存在の文明では**決して、決して、**起こり得ない状況だ。

これが、**べつの次元**から来た存在はどうやって「不足」を経験せずにいることが可能なのか、という先ほどの質問に対する答えだよ。分かち合う種にとっては、つねに「充分」なのだ。

HEBはどうして「行動を規制する規範」なしに共存できるのか、という疑問についてだがね。種が生きている目覚めた状態の程度は、その種の自己規制の程度に明らかに反映される。

べつの次元から来た**高度に進化した存在**の「行動規範」は、優雅なほどにシンプルだ。誰についても、自分が考えられたくないことは考えず、自分が言われたくないことは言わず、されたくないことはしない。

ううむ……またですね。地上でも、はるか昔にそう言ったひとがいたような。

実際、地上のあらゆる宗教は、あなたがたが「黄金原則《ゴールデンルール》」と呼ぶものの何らかのバージョンを教えている。人間の文化と高度に進化した存在の文明との違いは、ＨＥＢは生きるなかで、「お互いさま」という法則を口先だけでなく実際に適用していることだよ。

そうですね。でも、その文明で、自分がされたくないことを誰かにしてしまったら、そのときはどうなるんですか？　誰かが「犯罪」を――彼らの言語にはそんな言葉はないと、きっとおっしゃるでしょうが――犯したら、どうなりますか？

あなたの言うとおりだ。べつの次元から来た高度に進化した存在の文化には、「犯罪と懲罰」などということはない。

誰も「犯罪」を犯さない。なぜなら、誰でも自分たちが「すべてひとつ」であり、ほかの個体に対する攻撃は「自分自身」に対する攻撃だと理解しているから。

だから、あなたがたが言う「正義」の必要はない。「正義」の概念はもっと深く、あなたがたなら「正しい行動」と呼ぶものとして理解されている。

人間社会には、もちろん犯罪があります。そして、犯罪が行われても、すべての場合に正義がなされるとは限らないんです。けれど、わたしたちの社会の大半のひとたちは、あの世で正義が行われるはずだと知ることで慰めを得られると、少なくとも自分に言い聞かせています。審判と永遠に続く懲罰です！

あなたがたは、ここで決断しなくてはならないだろうな。無条件に愛する神を望むのか、それとも審判し、糾弾し、罰する神を望むのか。

ああ、わかっています。わかっているんです。そこはとても混乱していますよね。わたしたちはみんな、とても……複雑なんです。あなたの審判を望まないけれど、でも、望んでいる。あなたの懲罰を望まないけれど、でも、それなしでは途方に暮れる。そして、あなたが対話でも一貫しておっしゃってきたように、「わたしは決してあなたがたを罰しない」と言われると、わたしたちはそれを信じられない――なかには、怒り出すひとたちもいます。なぜなら、あなたがわたしたちを審判し罰しようとしないなら、何がわたしたちに道を踏み外さないように仕向けるのですか？　それに、天国に「正義」がないなら、地上のすべての不正は誰が償うのですか？

なぜ、あなたがたが「不正」と呼ぶものが天国で正されると、あてにするのだろう？　天からはすべてを洗い流すきれいな雨が降り注ぐのではないかな？

そうですね。

そして、言っておくが、その雨は正義にも不正にも同じように降り注ぐのだよ。

でも、「復讐するは我にあり」という「主」の言葉はどうなんですか?

わたしは決してそんなことは言わなかった。あなたがたのひとりがでっちあげて、残るひとびとが信じたのだ。

「正義」とはある行為が行われた**後**に経験されるものではなく、ある**行為をすることで**経験される。正義とは**行為**で、ある行為に**対する**懲罰ではない。

目覚めた種は、そのことを理解している。

わたしたちの社会の問題は、「不正」が行われた「後」に「正義」を求めることなんですね。そもそも初めに、あらゆる人間が選択と行為を通じてあらゆる場合に「正義を行う」のではなくて。

そう、至言だ! まったく、あなたの言うとおり! 正義は「反応」ではなく、「行為」だよ。

わたしたちの社会の全員が、目覚めた種のすべての個体のように正しく行為するなら、わたしたちの文明の構造のなかで、審判も懲罰も必要なくなりますね。

なくなるね。

でも、そんなことが可能でしょうか？　誰もが正しく行為する日なんて、来るのでしょうか？

誰もが目覚めたときには、そうなる。

誰もが目覚めることがあるんでしょうか？

あなたがたは、いまそれを決断しようとしている。

いまのやりとりの一部は、これまでの対話でも、そのとおりの言葉で行われましたね。いまおっしゃったことの一部は、以前の対話のやりとりをそのまま写し取っています。すばらしい戯曲のセリフや大好きな詩の一節を諳《そら》んじるように繰り返すことができて、とても嬉しいです。

このやりとりは、ほんとうに、あなたがいままでおっしゃったことを総合し、全体として一貫したまとまりのあるものにするチャンスですね。

それも目的のひとつだよ。三つめの招待の一部は、全面的な統合だ。

19

これで、五つめと六つめの項目である不足、正義、懲罰という考え方も片付きます。そこで、七つめの「所有」なんですが……。わたしたちは何も所有しないことになるのですか?

あなたがたはしたいことをすればいいだろう。だが、高度に進化した存在の文明には、所有などというものはない。

何かを自分のものだと言うのが、どうしてそんなにいけないことなんでしょうか? まったく、わたしたちがこの地球でやっていることは何でもかんでもいけないことなのかなあ?

正しいとか間違っているということはない。ただ、有効なことと有効でないことがあるだけだ。つまり——

——わかっています、わかっていますよ……「何をしようとしているかに、照らして」ですね。

そう。わたしが何度も繰り返すのは、あなたが何度も繰り返すからだ。あなたはいつまでも、目覚めた種には何の意味もない人間の概念に戻り続けている——「正しい」とか「間違っている」とかね。

でも、何かを自分のものだと言うことが、どうしてそれほど「有効でない」んでしょう？　大半のひとにとっては、うまく働いているように見えますが。

あなたの言うのは、モノの大半を所有している大半のひと、ということだろう。

モノの大半を所有していないひとたちの大半だって、もっと所有したがっています。

もちろん、そうだ。なぜならモノの大半を所有しているひとの多くは、だいたいは自分たちだけで抱え込んでいるから。地球上であなたがたが作ってきた経済システムが、事実上、それを保証している。もちろん例外はあるが、それは**例外であって**ルールではない。あなたにだって、それはわかっているはずだ。

あなた自身が、この対話の初めのころに、世界で最も豊かな八十五人は、地球の総人口の半分である三十五億人を**合わせたよりも**もっと多くの富をもっている、と言ったね。

そうなんです。そしてもちろん、わたしにもわかっています。でも、わたしはこの対話では、作家のジェームズ・サーバーが「ふつうのひと（Everyman）」と言ったひとたちの声を代弁したいんです。大半のひとたちは——そういう不平等はさておいて——何かを所有する、何かを自分のものだと言える、という考え方を放棄したいと思わないでしょう。

目覚めた種のメンバーたちは、どんなふうにしているんでしょうか？

彼らは、全員がひとつだから、存在する**あらゆるもの**は存在するあらゆる者に属している、ということを理解している。

けれども、現実問題として、それはどんなふうに機能するんですか？　世界の誰もが地球上のあらゆる農場の土を耕し、種を植え、作物を収穫して、所得を得るなんて、できないですよ。それに、誰もが誰かの住まいに自分のうちのように入り込んで、くつろぐこともできません。第一、そんな広さはありませんしね。たとえあったとしても、プライバシーなんか保てませんよね？　夫や妻、子どもたち、それにあらゆる種類の所有物を何もかも分かち合うんですか？

どうしたら、そんなことができるんでしょう？

目覚めた種の文明では、「所有」という考え方は「管理」という概念に代わられている。そこの住人たちは、誰が何の管理をするべきか、誰が誰のパートナーか、誰が子どもたちを育てるか、そして、物質世界の機能を誰が遂行するかについて、相互に合意している。誰も、誰かべつの者が管理し、あるいはパートナーとして世話しているものを「取り」はしない。

子どもたちを創造したひとたちは、子どもたちを「所有」しているとは思わないし、誰かのパートナーになっているひとは、パートナーを「所有」しているとは思わず、物質的な何かの管理役を引き受けているひとたちは——それが土地でも具体的な物質的アイテムでも——それを「所有」しているとは思わない。

彼らはただ、相手や対象のアイテムを愛し、いつくしんでいるだけだ。

たとえば、自分が身体化した星で、その一部を管理しているからといって、鉱物や水そのほか、その部分を掘り下げて星の中心部にいたるまでに存在するものを「所有」している、とは思わないのだよ。

また、誰もその部分の上のはるかな高みにいたるまでの空気や空を「所有」しているとは思わない。だから、「上空どこまでの高さ」か「地下どこまでの深さ」かという議論もなければ、上や下にある何かの「所有権」が誰にあるかという議論もない。

全員が「ひとつ」であること、そしてひとりあるいは集団のいずれも、星の一部を「所有」することはあり得ない――まして、そのはるか上や下を所有できるはずがない――ことを理解している存在のあいだでは、そのような議論は的外れで、まったく無意味だろう。

わたしたちの世界では、政府や個人どうしが年中、地球の「空中権」「水利権」それに「鉱業権」について議論しています。

そう、そうだね。それで、「所有」はどこから始まって、どこで終わるのだろうね？

でも、ひとびとが何も所有しないのなら、どうやって、何から利益をあげるのですか？　それに、利益を得られないなら、どうやって暮らしの糧を得るんです？

高度に進化した存在は、あなたがたが言う「利益」という言葉を定義しなおしている。彼らは、誰かを犠牲にして得をすることを「利益」とは考えない。相手が損をして自分が得をすることは受け入れられない、と考えている。とりわけ、自分が得をすることで相手が損をするなら、それは立派なことだとは思わない。彼らの文明では、みんなが得をしなければ、誰も得をしないのだよ。

大半の人間には、そういう考え方はとても受け入れにくいだろうなあ。そこで、八番めの項目がかかわってきますね。

八番めの項目はこうだ。目覚めた種はつねにあらゆるものをあらゆる者たちと分かち合う。目覚めていない状態の人間はそうしないことがよくあり、ただ限られた状況でしか他者と分かち合わない。

地球上の大勢のひとたちは、そんなのは非現実的だし、実行不可能だと感じるでしょうね。

ばかばかしい。いつだって実行できるよ。いま現在でも、限られたかたちではあるが経験している。たとえば、家族のあいだで。あなただって、大雨のなかで道を歩いているとき、自分だけが傘をさして、一緒にいるパートナーや子どもたちに、「きみには傘がなくておあいにくさま。でも、しょうがないね」とは、決して言わないだろう。それに、アップルパイを前にして、パートナーや子どもたちに、「みんなの分がないのは残念だが、でも、わたしは自分の分をおいしく食べるよ」と言って、一人で全部食べてしまおうとは、絶対に思わないはずだ。

ここでは軽い例を出したが、あなたが分かち合わないために家族や愛するひとが苦しんで、自分だけが利益を得たり得をするなら、利益や得は拒否する、という考え方が、これで完璧に理解できるのではないかな。あなたがたと高度に進化した存在の唯一の違いは、ＨＥＢは**あらゆる者を**家族であり愛する相手と考えていることなのだよ。

地球上のとても多くの問題の解決策は、これで明らかだね。

それでは、なぜわたしたちはその解決策を受け入れないのでしょう？　わたしたちの社会がその「明らかな」ことを見抜いて、あらゆるひととあらゆるものを分かち合うことを邪魔しているのは、何なのでしょうか？

地球上でそれが行われていない理由は、すべてのひとにゆきわたるほど**充分にある**と思っていないからだ。だからあなたがたは**自分の分**を確保しなければならない。充分にして完全な分かち合いを阻んでいるのは、欠乏という考え方だよ。

でも、すべてのひとに充分な以上にあるんです！　食糧、水、エネルギー、わたしたちが生きていくのに必要なほとんどすべての問題は、不足ではなくて配分なんです。

それはほぼ真実だ。あなたがたは生命が与えてくれたあらゆる贈り物、才能、技能、知識、豊かさを自由に惜しみなく分かち合い、生きるのに必要なあらゆるものを生命が循環させて戻してくれるのを見られるはずだ。

実際、あなたがたが身体という特定のかたちで生きながらえるのに必要なものは、自分が考えているよりずっと少ないし、魂として生き延びるのには何も必要ないことを知って――あなたがたはつねに生きながらえるのだし、そうでないことはあり得ないのだから――その知識を**もとに**価値観を変えたら、自分でもびっくりするだろうね。問題はあなたがたの存在がどんなかたちを取るか、だけなのだ。

もちろん、それはあなたがたが人生全体のあらゆる選択、決断、行動を通じて答えを出す問題だ。自分の存在はどんなかたちを取るべきか、という問題だね。

たったいま、あなたがたの星にとって利益になるのは、**「充分であること」**と**「分かち合い」**の信念をもとに、人間として取ることのできる新しいかたちをもっと大勢のひとたちが示し、手本となって、人類を目覚めさせる助けをすることだ。ただし、手本になることは自分が選ばなければならない。なぜなら、誰も任命したり、選別したりできないのだから。

だからこそ、**三つめの招待**なのだよ。

でも、さっきも言いましたが、あらゆるひとがあらゆるものをあらゆるひとと分かち合うとしたら、そして「利益」の定義すべてにあらゆるひとが得をしなければならないということが含まれるとしたら、わたしたちはどうやって暮らしの糧を得たらいいのですか？

生きるという経験は、「努力して獲得しなければならない」ことではない。生命はあなたがたすべてに与えられた贈り物だ。日々、存在に**値する**自分であることを証明しなければならない、というようなものではない。

どんな文明でも、社会の成員が生き延びるために魂を売ったり夢を捨てたりしなくても個人や集団のニーズを満たせるシステムは、簡単に構築できるよ。

なるほど。誰もが多かれ少なかれ平等にエネルギーを提供し、誰もが多かれ少なかれ平等に利益を得て、誰ひとり痩せ衰えて生きる必要もなければ、生きるために人生でほんとうにしたい何かをする希望を捨てる必要もない社会システムを創造する方法があるはずですね。わたしたちの社会全体が変わらない限り、そんなシステムを創るのは容易じゃないでしょうが。

実際には、進んで先頭に立とうと決めればとても簡単なことだし、そこに大勢のひとたちが気づけば、社会全体が変化**するだろう。**前にも、人類を目覚めさせる助けになることを自分で選択するとは、自分がリーダーであると宣言することではなく、人間としてのべつのあり方へと内なる深い知に導かれることだ、と言ったね。

いつも忘れないでいなさい。「リーダー」とは「わたしについてきなさい」と言う者ではない。リーダーとは「わたしが真っ先に行こう」と言うひとだ。

地球上の社会の機能のあり方を一夜にして変えることはできないが、ひとりひとりが目覚めた種の基本的な資質を示し、手本となることは、すぐにできるのだよ――真っ先に行くことによってね。

20

いまのお話はとても役に立ちました。そこでですが、リストの九番めから十六番めの項目については、そのほとんどがよく理解できていると思うんです。

それでは、手短に要約してごらん。もう一度、各項目を見てみようか。

⑨目覚めた種は技術と宇宙論のあいだの、機械と自然のあいだのバランスを創り出す。目覚めていない状態の人間はそうでないことがよくある。

⑩目覚めた種はどんな状況でも、相手に直接に頼まれない限り、決してほかの知覚ある存在の現在の物質的表現を終わらせることはない。目覚めていない状態の人間は、相手に頼まれていないのに、ほかの人間を殺すことがよくある。

⑪目覚めた種は物質的なかたちを取っている種のメンバーを支える物質的環境を破壊したり、傷つける可能性のあることは決してしない。目覚めていない状態の人間はそうすることがよくある。

⑫目覚めた種は決して自ら有毒物を摂らない。目覚めていない状態の人間はそうすることがよくある。

⑬目覚めた種は決して競わない。目覚めていない状態の人間はお互いに競い合うことがよくある。

⑭目覚めた種は何も必要ではないことを明確に知っている。目覚めていない状態の人間は必要性に基づく経験を創り出すことがよくある。

⑮目覚めた種はあらゆるものに対する無条件の愛を経験し、表現する。目覚めていない状態の人間は、それを行っている「神性」すら考えられず、まして自分で行うなど想像できないことがよくある。

⑯目覚めた種は形而上的な力を活用している。目覚めていない状態の人間は、その力をほぼ無視していることが多い。

わたしたちが目覚めた種のふるまい方を取り入れるつもりなら、わたしたちの宇宙観（哲学、信念、世界についての理解、自分たちは何者であるかという決断）を技術（武器製造、作物の遺伝子組み換え、哺乳類――ほどなく人間も対象になるかも――のクローン作成、延命医療、その他すべて）のスピードに合わせなければなりません。そうしないと、古い信念ではほぼ解決不能な倫理的、道徳的、霊的《スピリチュアル》ジレンマにぶつかるでしょう。

わたしたちが目覚めたいなら、いたるところでの環境破壊を止めなくてはならないのは明らかです……毒物を食べたり、飲んだり、吸引したり、呼吸したり、摂取したり、聞いたり、見たりするのをやめ……あらゆるもの——お金、権力、名声、愛、注目、セックス、あらゆるもの——をめぐる果てしない、往々にして過酷な競争をやめなくてはならないのです。

目覚めた種として生きるときには、わたしたちは必要《ニーズ》と想像しているものを好みに変え、あらゆるひとを（ようやく）ほんとうに無条件に愛するでしょうし、さらには同じ愛をわたしたちに与えている神を受け入れ、認めるでしょう。

あなたは理解しているね。これ以上、わたしが深く掘り下げる必要はなさそうだ。

二つの項目だけは、もっとよく見る必要がある気がします。十番めと十六番めなんですが。

十番めの項目はこう言っています。目覚めた種のメンバーはどんな状況でも、相手に直接に頼まれない限り、決してほかの知覚ある存在の現在の物質的表現を終わらせることはない。でも、人間は毎日、毎分、地球上のどこかでほかの人間を殺しています。

十番めの項目の後半は否定できませんが、でも、公平に見れば、地球上の殺人の多くは自衛のために行われてきたんです。

原始的な文化では、すべての攻撃は自衛と呼ばれる。だが、あなたがたが言う「自衛」のためであろうと、HEBは決して、相手に頼まれない限り、ほかの知覚ある存在の物質的表現を終わらせることはない。

わたしたちには、自衛する権利はないのですか？　驚いたな。それでは要求が高過ぎて、この地球上の誰にも受け入れられないんじゃないかな。わたしたちの宗教や法律でさえ、自衛のためなら殺人を正当化できると言っています。でもあなたは、そのために相手を殺さなければならないのであれば、わたしたちに自衛の権利はない、とおっしゃるのですか？

あなたがたには、したいことを何でもする「権利」がある。

思い出してほしいのは、あらゆる行為は自己規定の行為だということだ。あなたがたが、メンバーの誰かが生き延びるためならほかの誰かを殺す種であると自分たちを規定したいなら、そうすればいいし、誰も止めはしない。

だが、あなたがたが自分でやめる日がくるかもしれないね。人類という種を守ろうと必死になって、かえって滅ぼしかけていると気づきさえすれば。

それでは、わたしたちが目覚めたときには、誰に何をされても身を守ることはないんですか？

あなたがたの種が目覚めたときには、メンバーがほかのメンバーから身を守らなければならない、というシナリオは創造しないだろうね。

あなたがたが目覚めたときには——全員が、ただちに——武器を置き、互いを破壊する方法や手段を永遠に捨てるだろう。あらゆるものをめぐる争いは終わり、世界の資源やあなたがたが実現した科学、技術、医学の驚くべき奇跡を含め、分かち合うためにあるすべてを分かち合う方法を見出すだろう。

目覚めた種にとっては、これはまったく明白で疑問の余地のない適切なやり方だと映るだろうね。あなたがたには、身を守る理由は何もない。なぜなら、誰にもあなたがたを――物理的、感情的、経済的、あるいはほかのどんなやり方であれ――攻撃する理由がなくなるのだから。

でも、まだ目覚めていない無法者に攻撃されたら？　だって、千人にひとり、百万人にひとりくらいは、精神的に不安定なひとがいるじゃないですか。

そのときは、ただ身体を捨て、**物質の領域**から平和に立ち去るだろう。自分の「死」は何ごとの終わりでもない――ただ、より以上の暴力の終わりであるだけ――と知っているからね。

それはまさに、『スターウォーズ』の映画のなかで、オビ＝ワン・ケノービがダースベーダーに襲われたときにしたことですね。

そう。そのとおり。

あなたがたのSFはこれまで何度もすばらしく啓発された考え方を描いて、人類に提示してきた。もちろん、その映画の登場人物はそうした。彼は自分が死ぬことはないと知っていた。「悪人」が彼の存在を終わらせることはできないとわかっていたから。

でも、わたしたち全員が人類ではない存在に突然、攻撃されたら、どうなんでしょう？　前に、**物質の領域**のほかの星から来た進んだ種には暴力的な存在もある、とおっしゃったのはあなたです。そういう存在がいつか地球にやってきて、わたしたちを破壊することは、心配しなくていいんですか？

心配しなくていい。ほかの銀河の知覚ある暴力的な存在があなたがたの文明を破壊することは許されない。べつの次元にいる高度に進化した存在は、そのようなことはさせない。

なぜです？　どうして彼らは介入してくれるんですか？

そうすることが、彼らの真のアイデンティティを表現し経験する、という目的にかなっているからだ。彼らには、主として物質的次元にいる物質的個体として自分を経験している存在とは違った理解と目的がある。

それでも彼らは、ある文明全体が自分の星のうえでこれまで知っていた生き方（生命）を解体することは放置するのでしょう。たったいま、わたしたちにそうしているように。

それはその文明が意識的に選択した**集団的意志**による行為だからね。ほかの星のべつの文明の**集**

団的、意識的意志を踏みにじる行為とは違う。

地球上でだって、その違いはあるだろう。それは、自分の自由意志で自分の生命を終わらせることを選択するか、当人の意志に反してその生命を終わらせることを選択するかの違いだ。

銀河的なスケールで言えば、HEBは、前者は共感をもって見守るが、後者は阻止する。

いつか、誰も自分が選んではいないときあるいはやり方で死ぬことはない、とおっしゃいました。

そのとおり。それは前回の対話で言ったね――あなたが、『神へ帰る』という本にまとめた対話だ。これがあなたがたに与えられたなかでも、いちばん難しくて挑戦的な啓示のひとつであることはわかっているが、だからといって、その真実性がいささかでも減るわけではない。

生命の神秘は限りある人間の精神と生まれたばかりの種がもつ不完全なデータでは、解明できない。わたしが確言できるのは、魂のレベルでは、あなたが言っている出来事は魂の霊的《スピリチユアル》な課題に即したものとして経験される、ということだ。

それでも、地球上ではいつも、ひとびとが――当人の意志に反して――殺されています。あなたがおっしゃったと思われることからすれば、住人が暴力的なほかの星々でもそうなのではありませんか。

その点で、個々の**超意識的意志**（Superconscious Will）は決して踏みにじられることはない。だから、あなたがたが「死」と呼ぶ出来事を選ぶとき――それは意識的レベル（精神のレベル）ではなく、超意識レベルで（つまり、魂のレベルで）行われている――あなたがたは物質的領域から非物質的領域に自発的に移行する。選ばなければ、そうはならない。

21

そのことはもっと綿密な探究や多くの説明に値するし、必要だと思います。でも、とりあえずは十六番めの項目に進み、それは後でもう一度取り上げたらどうでしょう。というのも、リストの最後の項目はなんだかとても重要だと思われるし、もしかしたら二つには関連があるのではないかという気がするんです。

十六番めの項目では、目覚めた種は形而上的な力を活用している。目覚めていない状態の人間は、その力をほぼ無視していることが多い、と言われていますね。

これは、いったい何について言っているのでしょう？

この項目で言っているのは、人類が広くて深い宇宙的な知恵と形而上的な創造力をほとんど活用していない、ということだ。

前にも言いましたが、ここでもう一度、お願いします。何か事例を挙げていただけますか？

いいよ。あなた自身が少し前に、エミール・クーエという人物が二十世紀初めに自己暗示の効果を証明した、と言っていたね。

とにかく、彼は自分の証明に自分では満足していました。

あなたは彼の結論を信じないのかな?

そうですね、わたしは信じています。けれど、誰もが同意するわけではないだろうな。

ここで問題なのは、あなた自身はそのプロセスを信じると言うが、では、それを活用したことがあるかだ。あなたは身体的な病苦への対処法として、そのツールを活用したことがあるかね?

そう、いつもではないですね。

いや、待ってください。ここでは正直にならなくちゃいけないな。

そのほうがいいね。

わたしは一度も活用したことがありません。精神のエネルギーの力は、身体のなかの細胞のエネルギー・タイプ(energetic signature)に影響を与えると信じています――その可能性については、前にもお話ししました――けれども、クーエの手法《メソッド》を自分の肉体的な病苦や状況に対処するために使ったことは一度もありません。

それで、一件落着だな。

思うんですが、人間社会は大規模に形而上学的な力と取り組んだり、一部で錬金術的秘法(alchemy)と呼ばれるものを扱ったりして、多くのひとがポジティブ思考の力と呼ぶものを厳密に適用する用意がまだできていないんじゃないでしょうか。

一部のひとたちは実行していますし、一部のスピリチュアルなグループ——人類全体からすれば比較的少数ですが——も実行しています。でも、あなたがおっしゃることはわかります。わたしたちは文明としては、形而上的な力を利用するにはほど遠い状態なんです。

そう、人類はまだそこまでいっていない。だが、ますます気づくようになっているし、一歩一歩進んではいるよ。

そうですね。数年前に、自分自身の現実を創造する内なる力をテーマにした『ザ・シークレット』という本と映画がありました。

映画では、その力を語る例として、自宅の車寄せで夢だった自動車を見つけた男性や、気づいたら胸にダイヤのネックレスをしていた女性、それに裏口のドアの外にぴかぴかの自転車を見つけて大喜びしている九歳の少年が紹介されていました。

でも、そういうのは最初のささやかな一歩に過ぎないですよね。もし「シークレット」がそれほど強力なら、なぜ、世界平和に使われないのか、疑問に思わずにはいられないんです。

それについて、映画のなかでは活用の可能性として触れられてもいなかった——わたしたち人類が、世界平和と、新しい自動車や自転車、ダイヤなどのどちらの重要性が高いと考えているか、これでよくわかりますよね。少なくとも、映画のプロデューサーたちは、わたしたちの価値観はその程度だと思っているのでしょう。

もちろん、基本的な形而上学的な力を使って世界平和を創造することはできるよ。

そうですね。わたしのすばらしい友人であるジョン・ハーゲリンは世界じゅうを旅してまわって、それを指摘しています。著名な量子力学者で科学者、公共政策の専門家、教育者、著者であるハーゲリン博士は、ウエブサイトで次のように提案しています。

——「ほとんどのひとは、自分の意識がどれほど深く、地球の集団的な運命とつながっているかを知らない——あるいは、科学的に実証された強力な意識のテクノロジーを活用して、事実上一夜にして地球上に世界平和をもたらすことに尽力できるかを。

論文審査のある主要専門誌に発表されている五十以上のプロジェクトや二十三の研究が、この新しい意識をベースにした世界平和への取り組みが犯罪、暴力、テロ、戦争のもとになる社会の民族的、政治的、宗教的緊張を無力化することを示している。

この取り組みは、地域、州、国家、そして国際的なレベルで検証されており、すべての場合に、ネガティブな社会的傾向の高度に有意な低下を、ポジティブな傾向に改善をもたらしている。

平和をめざす専門家たちの大きなグループは、このような意識のテクノロジーを実践して、自らのうちの奥深く、精神と物質の最も基本的なレベルに入っていく。それは物理学で統一場と呼ばれている。その生命のレベルで、彼らは調和と団結のうねりを創り出し、調査で確認されているとおり、それが社会を良いほうへと永久的に変化させる。意識をベースにしたこの取り組みは全的《ホリスティック》であり、実行が容易で、非侵襲的で、コスト効率がいい」

(詳しくは、www.permanentpeace.org を参照のこと)

そこで問題は、これを……「スピリチュアルなテクノロジー」と呼んでもいいと思うのですが……わたしたちが活用するにはどうすればいいか、ってことですね。

あなたはどう思う?

目覚める、それだけでしょうね。こういうことへの初歩的な目覚めだけでも、大規模にものごとを進めるきっかけになります。わたしはジョン・ハーゲリンがこれらをテーマに作成したビデオのひとつに感動したのですが、それはこう結ばれていました。

「集団的瞑想が電灯のスイッチを入れるように戦争を終わらせることについては、アスピリンが頭痛を軽減するというよりももっと多くの証拠がある」

それでわかっただろう。知人のすべてに、そう語りなさい。そして、そのひとたちにも、知人のすべてに語ってもらいなさい。形而上的な力は効果がある。それは宇宙の基軸だ。そして、高度に進化した存在はそれを知っている。

22

わかりました。ありがとうございます。これでリストの見直しは終わりましたね。とても、有益でした。そこで、前にも言いましたが、十番めの項目と、そこにある死の見方について、もっと説明していただきたいと思うんです。

それでは、もう一度、十番めの項目だね。目覚めた種はどんな状況でも、相手に直接に頼まれない限り、決してほかの知覚ある存在の現在の物質的表現を終わらせることはない。目覚めていない状態の人間は、相手に頼まれていないのに、ほかの人間を殺すことがよくある。

これは軽々しくは扱えないことですね。それに、わたしたちが形而上的な力をもっと活用して病気やそのほかの出来事に対処できるなら、それはわたしの死と関係してくることも、やっとわかりました。けれどもあなたは、わたしが殺害されたり、不注意な運転者に交通事故で殺されたりしたら——それはわたしが選んで死んだのだ、とおっしゃるのですか?

どうして、魂が死を選んだりするのでしょう?

宇宙にさまざまな魂が存在するように、その答えもさまざまだ。だが、それぞれの死はそれぞれの魂のその瞬間の目的に役立っていることは確信していいよ。そうでなければ、死は起こらない。

残されて、喪失の悲しみにくれるわたしたちはどうなるんですか？　そのことも、魂たちの考慮に入れられているんですか？

もちろん、考慮しているよ。彼らは**すべてを**考慮している。そして、あなたがたの喪失の悲しみを和らげようとベストを尽くしている。あなたがたが、彼らは実際には死んではいないこと、ただ「継続の日」を祝っただけであることを理解し、**経験する**助けをすることによってね。

「経験」って、どういう意味でしょうか？　わたしたちは、彼らがまだ生きていることを経験できるのですか？

何を意味しているかは、親しい誰かが「継続の日」を祝ったことがある大勢のひとが、もう知っているよ。非常に多くのエピソードが、「去った」ひとたちが残っている愛する者たちに自分は「まだ生きている」ことをはっきり知らせる方法を見つけたことを立証している。

すごいなあ。この対話はますます「はるか彼方《かなた》」にとんで行ってますね。

実際には、ますます「ここ」に近づいているのだよ。あなたがたは非常に若い種の文化的な物語をもっている。そのせいで内なる深みでは知っていることを、充分にあるいはおおっぴらに受け入れられないでいる。だが、あなたがたはそのことに向かって、進んでいる。

いままでのお話をまとめると、ほかの星から来たエイリアンがわたしたちを攻撃しても、それは問題にならない、ということですね。わたしたちが「死」を選ばなければ、わたしたちは死なない、というか、死ぬことはあり得ないんだ。

そう。どうしてそれがあり得ないか、その方法や手段はあなたがたが創造するだろう。たとえば、何かあるいは誰かが介入するとか。

なるほど。たとえばHEBの介入ですね。

たとえばね。そして、魂が選んだエネルギー・タイプ、あるいはあなたがたの言う**「超意識的意志」**は、あなたがた個人個人にも同じように働く。

あなたが個人として超意識のレベルで、物質的なかたちから離れることを選ばなければ、どんなに危なっかしくて生命の危険がある環境でも、死ぬことはない。いわゆる「ニアミス」とか「奇跡的な回復」、あるいは「信じがたい脱出」と呼ばれるものを経験するだろうが、死にはしないのだよ。

「集団的、超意識的意志」——**集団**の全員によって表明された意志——だけが、**集団**の肉体化あるいは肉体からの離脱に唯一、影響を及ぼす。そして個々の**超意識的意志**だけが、個人の肉体化あるいは肉体からの離脱に唯一、影響を及ぼす。これが**生命**のエネルギーの働きだ。

集団全体が絶滅される、あるいは文明として破壊されることを選ばないのは、表明された**集団的、超意識的意志**だよ。

ここで反論したくはないのですが、この地球上では人類のある集団すべてが滅亡したことがありますし、それも一度ではありません。あなたは、そういうことが起こるのはぜんぜんオッケーだ、誰もが死にたがったのだ、とおっしゃるのですか？

わたしはそれが、そのとき、そのような方法で「起こるのはオッケー」だと言っているのではない。どんな出来事の経験についての選択でも、「オッケー」か「オッケーでない」かは、起こる出来事に何らかのかたちで影響されるすべてのひとの選択だ。わたしは誰かに、その選択が「正しい」とか「間違っている」とは決して言わない。彼らの選択は彼らの選択であって、わたしが審判を下すことではない。

あなたは実際、何事にも審判を下さない、そうですね？

下さない。人間たちのあいだでは当然ながら「オッケーではない」と否定されることがたくさんあるだろうと、わたしも知っているよ――そして正常で適切な人間行動という文脈では、それについて違う言い方をするのは何であれ不健全だとか残酷だ、とすらみなされるだろう。あなたがたは、そういう仕組みによって文明の基本的な価値観を築いてきた――必ずしも、そのとおりに実行しなくても。

だが、わたしはそのような評価や価値判断をしない。なぜなら、そんなことをすれば、あなたがたが自分の現実を創造する自由を奪ってしまうから。

ここでわたしが言っているのは、あなたがた人類が「死」と呼ぶ人間の経験が、当人の超意識的意志を踏みにじるかたちで起こることはあり得ない、ということだ。そして、あなたがた人類が絶滅と呼ぶ文明の経験も、その文明の**集団的、超意識的意志**を踏みにじるかたちで起こることはあり得ない。

あなたは、そのことを繰り返し指摘していらっしゃる。でも――反論するつもりではないんですよ――そんなふうにおっしゃると、ある意味で、他人を殺す凶暴な連中に――個人、それに集団にだって――歪んだ目的を遂行するお墨付きを与えることになりはしませんか?

いいや。そうではなくて、そういう状況で誰かが犠牲になったと思うひとたちに慰めを与えるよ。残されたひとたちは愛する者が**「継続の日」**を祝っていると――それも充分にわかって選択し、さらには彼らの出発に協力した者たちへの充分な理解と思いやりさえもっていると――知って、癒され、平安を得るだろう。

それに、実際には罪悪感を感じずにそんな凶悪事件を起こそうとしている者たちを思いとどまらせ、ここで言っている情報に気づかせるかもしれない。なぜなら、加害者になるかもしれない者は、他者にダメージを与えることで満足感を得られると思っている。それなのに、そんなことはできないとわかれば、動機の大半が消えるだろうから――

そんなふうには、考えたこともなかったな。

それに、こういうこともあるよ。どちらにしても、個人あるいは集団として他者を殺そうとする者たちは、自分以外の何かあるいは誰かのお墨付きなど求めていないし、必要としてもいないだろう。彼らはここで言われていることとはまったく違ったやり方で、行動を正当化するだろう。

そうですね。でも、ここにあることを読んで、やっぱりそれでオッケーだと思うかもしれません。

もうすでに、オッケーだと思っているよ。そうでなければやらないだろう。

じつはですね、ここで言われていることが多くのひとたちの全体的な理解にぴったりしないだろうということが、わたしにはわかるんです。つまり、ここで説明されていることは、大多数のひとたちとかみあわないだろうな、って。

現実を「被害者／悪人のシナリオ」として経験しているあいだは、そうだろうね。だが、世界には被害者もいないし、悪人もいない。それは宇宙のどこでも同じだ。あるのは物質的、形而上的に進化しつつあり、互いの進化を助けている知覚ある存在だけだよ。

以前にも、わたしが言ったとおりだ。わたしは天使以外の何も、あなたがたに送ってはいない。

あなたが、あるとき、ある方法で身体から脱出することで、種全体の——ということは**何十億人**もの——進化のプロセスを大きく短縮できると感じるなら、そうするのではないか？

精神のレベルで考えないように。魂のレベルで考えなさい。

魂のレベルで考えれば、わたしの存在は脅かされることはないし、わたしの生命が終わることはない、それは不可能だと気づきます。だから、わたしの存在のかたちをただ物質的なものから形而上的なものへと変えることは——それに、いつだって望むときには戻れると知っているのですから——それで何十億のひとたちが進化のプロセスを前進できるとわかっていれば、とても容易な決断ですね。

それは、前にわたしが言った「ビルが燃えている瞬間」と同じですね。赤ん坊を助けに飛び込むとき、自分の物質的な生存なんか、思考のプロセスに浮かびもしないでしょう。それは計算には入らないんだ。何であれ、仲間である知覚ある存在の最大多数に最大の利益をもたらす選択をするでしょう。

もちろん、そうするだろう。なぜなら、それが**「ほんとうのあなた」**だから。

ここでもう一度言いたいが、あなたがたすべては**「愛」**なのだよ。

だから、あなたがたは自分の死の原因とみえるひとや集団を実際に赦《ゆる》すだろう。なぜなら、彼らは自分が何をしているかさえ、意識レベルでわかっていない、と気づくから。

それから、「純粋な存在の領域（Realm of Pure Being）」での全的な気づきに移行すれば（まだ、移行していないとして）、あなたがたには彼らを赦すどんな必要性もなくなる。なぜなら、赦しは理解に代わるから。あなたがたは、知覚ある存在がどうしてそんなことをするか、できるかを、完全に理解するだろう。

あなたは前にも、〈マスター〉の精神では、理解が赦しにとって代わるとおっしゃいました。

そのとおりなのだよ。

あなたがたがこうしたすべてを経験するのは、あなたがたが**「愛」**と呼ばれるエネルギーでできているから**だ。**その愛は自由意志による選択と決断、それに理解のなかで、また**「究極の現実（Ultimate Reality）」**で進行している同時的創造にあなたがたが投入する自己表現のなかで、体現され、拡大される。

あなたがたは、**「純粋な存在の領域」**に自分を発見するまで待つ必要はない。その気づきはいつでも受け入れることができる。あなたがたの気づきの継続的拡大こそが、進化というものなのだよ。

23

『変えれば、変わる』という本のなかに、「純粋な存在の領域」という言葉がでてきます。あなたがここでおっしゃっているのは、それのことですか？

そう、そのとおり。

ああ、思い出しましたよ。「純粋な存在の領域」は「神の王国」の三つの面のひとつと言われました。あとの二つは「霊的な領域」と「物質の領域」でしたね。

わたしの王国にはたくさんの邸《やしき》があると言わなかったかな？

おっしゃっていました。とても、はっきりとね。それで、いまあなたは地球ですら「天の王国」の一部だとおっしゃっているのですか？

「ですら」ではなく、物質の全領域が王国の一部なのだよ。

前にも指摘したように、高度に進化した存在は彼らの次元で、身体に宿る存在からそうでない存在へと簡単に、努力なしに移行できる——そして彼らは目的に役立つなら、「物質の領域」で、つま

りあなたがたの次元で、時間を過ごすのだよ。
以前にも見たとおり、あなたがたも同じように、領域と領域のあいだを楽々と移動できる。だが、**物質の領域**でそれなりの時間を過ごしたとき、あなたがたはその移動を「寿命」と呼ぶ。

人間は、寿命と寿命のあいだにいるときでなくても、形而上的な状態に移行できるんですか？

できるし、そうしているよ。あなたがたがある種の「夢」と呼ぶなかで、そうしている。また「幽体離脱」体験のときも、そうしている。「臨死体験」と説明したもののときにも、そうしている。それから、あなたがたが〈マスター〉と呼ぶひとたちのなかには――現在も、歴史上も――あなたがたがいう一度の寿命のあいだに身体に宿り、身体から離脱し、また身体に宿ったひとたちがいる。だから、ある「人生」のある旅のあいだに、あなたがたは形而上的存在の体験ができるし、そうしている。だが、あなたがたにとって、それは普通の体験でも日常的な体験でもないがね。

だからあなたは人間について、わざわざ言葉を選んで――「主として物質の領域で生きる存在」と――話されるのですね。

そして、あなたがたが「地球外の宇宙からきた存在」と呼ぶほかの**「物質の領域」**の星に存在する住人についてもね。

ありがとうございます。これで、あなたの言葉の使い方が理解できました。あと、もうひとつなんですが、この対話の思考の流れ全体のなかで、あなたはほかにも――「超意識的な意志」――という興味深い用語を何度か、使われました。この言葉の使い方について、説明していただけますか?

いいよ。『神との友情』という本になった対話のなかで詳しく話したとおり、すべての知覚ある存在は意識を四つのレベルで経験する。**潜在意識、意識、超意識、**そして**超絶意識**だ。

あらゆる個体はこの四つのレベルのいずれかで、創造のエネルギーを発している。

あなたがたはとても若い種だから、多くの人間は自分たちが何をどのようにして行っているのか、充分に気づいていない。彼らは自分の創造を(したがって、経験を)自分が生命・人生を眺めて決断する特定レベルの意識から生み出しているが、どのレベルで活動しているのかに充分に気づいていないかもしれないし、確かな意図をもって行っているのではないかもしれない。

そんなふうに説明していただけると、とても助かります。前回は、なんだかよくわからなかったものですから。

それなら、典型的な例を挙げてみようか。

前にも言ったが、ひとつはケガをしたひとの場合だ。そのひとは傷を癒すために**潜在意識**のレベルで創造を――たとえば白血球細胞を小さな傷の場所に送るなどして――行っていて、自分では考えていなくても、たいていはそのレベルの意識で行動している。そういう人たちは、自分が何をしているか、どのように創造しているかについて、充分に気づいていないかもしれない。

　空港に急ぐひとは、意識のレベルで急ぐという創造をしていて、たいていのひとはこのレベルの意識から行動している。なぜなら、彼らはちゃんと考えているからね。ふつうは自分が何をしているか、どう創造しているかに充分に気づいている。

　走ってくるバスに轢《ひ》かれそうな誰かをつきとばして、自分の生命を危険にさらすひとは、**超意識**のレベルで行動していて、そのことについて考えた後に、そのレベルの意識から行為する——だが、データをあまりに早く集めるので、考えて**いないように見える。**彼らはいつも、自分が何をしているか、どうやって創造しているかに充分に気づいている。

　真のアイデンティティを表現し、手本となって、自分と自分の種を目覚めさせることを選んでいるひとは、**超絶意識**のレベルから創造しており、そのひとは意図的にその意識のレベルからやってきて、何をしているか、どう創造しているかに完全に気づいている。

　知覚ある存在は、どのような思考、言葉、行為を表現し経験するにあたっても、どの意識状態から行うのかを、事前に細心かつ意図的に選択するし、**そのときに「自分は何者なのか」**また**「生命はどんな仕組みで働いているのか」**についての絶対的で完全な、そして充分な認識を表現している。

　知覚ある存在が、思考や言葉、行為を細心かつ**意図的に**選択したのではない意識状態から表現し、経験するときには、もっと低いレベルの**気づき**を表現している。

　多くの知覚ある存在はいろいろな気づきのレベルのあいだを揺れ動いていて、そのために人生の各瞬間を通じて、思考、言葉、行為の質と効果がかなり変化している。

〈マスター〉とは、気づきのレベルが揺らがず、思考、言葉、行為を生み出す意識の状態について、つねに最新かつ明確な意図をもって、一貫した選択を行っているのだよ。

それ以上、わかりやすい説明はないでしょうね。これで、完璧に理解できました。

それはすばらしい。

まだわからないのは、どうやって〈マスター〉のレベルに到達するかということなんです。どうやって、果てしない気づきの揺れを止めればいいのでしょう？

そのために、あなたはわたしのもとへ来たのだよ。

それでは、方法を示してくださるんですね？

そうするし、これまでもずっと、そうしてきたよ。あなたはきちんと注意を払っていなかったかもしれないが。いまは、傾聴しているね。あなたは、自分がすでに目覚めているという事実に目覚めつつある。それは、決して小さなことではない。いわば、始まりの始まりだ。

さあ、これからあなたの気づきが拡大するのを観察しなさい。あなたはこの対話を経験し続け、思い出すあいだにも、その拡大を感じるだろう。

それで、べつの次元から来た高度に進化した存在が、「物質の領域」のほかの存在の攻撃でわたしたちが破滅させられるのをほうってはおかないことが理解できました。ＨＥＢはつねに、メンバーが自らを主として物質的な存在として経験する文明の「集団的、超意識的意志」に従って行動しているんですね。

そのとおり。もう、理解できたね。

だから、地球上のわたしたちは、星間に存在する種の暴力から守られている。

あなたがたは安全だ。ただ、ひとつの相手を除けばね。

そりゃあ、大変だ。そのひとつとは？

地球人だよ。あなたがたはまだ、あなたがた自身が相手だと安全ではない。

24

それはおもしろいや。とても、おもしろいです。

おもしろい話をしたのではないよ。わたしは正確に話したのだ。

でも、破壊されないというのが、人類の集団的、超意識的意志ではないのですか？

そうだよ。

それなら、どうして人類が自らへの脅威になるんですか？

人類は、集団としては脅かされ得ないし、脅かされないだろう。人類はつねに存在するだろう。なぜなら、それが**集団的、超意識的意志**だから。

問題は、「人類」と呼ばれる**集団**がこれからも存在**するかどうか**ではなく、**どのように**存在するかだ。人間の生の質はどのようなものになるだろう？

あなたがたは地球の上でいま――たったいま――それを決めようとしている。ことの大半は、あなたがたのうちのどれだけ多くが目覚めるかにかかっている。

三つめの招待を受け入れる、それが自分だと決めたひとたちは、地球上で生じる結果に大きな役割を果たせるし、果たすだろう。

いまおっしゃったことはすべて、これからのたくさんの分野についての議論につながりますね。ここからどんなふうに続ければいいのか、正確にはわからないんですが——それにほんとうのところ、この対話からあんまりかけ離れたところには行きたくない気がするんです。

あなたが何を質問しようとも、「かけ離れたところ」に行ったり、「無関係」になりはしないよ。すべての話題は同じ話題で、異なるアングルから見るだけだ。

その話題とは……

生命：

それについての真実とは何か、

そして、あなたがたはどのように、その真実を生きるか。

わかりました。それでは、先へ進むことにします。だって、これは人間として生きていくわたしに、それからこの対話についてきてくれている、そして人類を目覚めさせるために役立とうと自分から選択するすべてのひとにかかわることですから。

けっこう。

あなたは、べつの次元から来た高度に進化した存在は自在に物質的存在から形而上的存在へ移行し、また戻ると説明してくださった。わたしたちも同じことをするとも、おっしゃいました。

そのとおり。

でも、そんなことを経験している人間って多くないですよ。わたしたちは生まれるときに生まれる――あなたの言い方ならば、「身体に宿る」。それをコントロールできるかといえば、そんな経験はありません。それから、死ぬときに死ぬ。それについてもコントロールできませんよ。

それは、正確ではないね。

なるほど、一部のひとは自分の手で死ぬ。だから、彼らはいつ死ぬかをコントロールしますが、それでも、いつ生まれるかはコントロールできないのは確かです。

自分が身体だと考えている限りは、あなたがたが「誕生」と呼び「死」と呼ぶものの両方について、それが真実だと想像し続けるだろうね。

そのことは前にもおっしゃっていましたね。わたしは身体ではない、と。あなたは、わたしは身体をもっているが、しかし、「ほんとうのわたし」は身体ではない、とおっしゃった。

覚えていてくれて、嬉しいよ。それは、あなたがかつて受け取った、そして誰かと分かち合える、自分についての何より重要な情報だからね。

べつの次元の個体はそれぞれ自分を**「基本的なエッセンス」**から生じたと考えている。あるいは、この対話で使ってきた、そしてあなたがたにもっとなじみやすい言葉で言うなら、魂だ。だから、これについて探究しても「かけ離れる」ことはないとわかるだろう。事実、これは、人間が**高度に進化した存在**の生を手本に生きるとどんなふうになるのかという、もっと大きな議論の核心なのだから。だから、いま取り上げていることを利用して、人類の明日の可能性についてすでに分かち合ってきた内容を、もっと大きな文脈で見ることだね。

完璧だ。いいでしょう。つながりが見えてきました。あなたは、べつの次元から来た高度に進化した存在は、自分たちがわたしたちの言う「魂」であることを知っているから、自在に肉体に宿れるし、決して死なないこと、彼らの目的、そして唯一の願望は「神性」を表現し、経験することで、彼らには何も必要ないし、何も所有しないし、管理しているものは残らず分かち合うし、愛する者のためには何でもする——そして、愛の対象とならない者は誰もいない、ということをわたしに理解させようとなさっているのですね。

すばらしい要約だよ。すべてをほんとうによくまとめたね。よかったね。

それに、目覚めのプロセスで、自分とほかのひとたちを助けられそうなことは何でもする、そんなヘルパーになることを自ら選択するすべてのひとたちのためにも、よかったです。

そのとおり。

身体をもつ魂であって、魂をもつ身体ではない存在について理解すればするほど、シンプルに「真のアイデンティティ」を知り、受け入れることによって、あらゆる知覚ある存在に勧められている生き方ができることがわかります。

「真のアイデンティティ」を充分に受け入れている目覚めた種と人間との違いのリストを調べるのはとてもいいことだと思います。それでもわたしたちがＨＥＢと呼んでいる存在について、彼らは誰で、どんなふうにわたしたちを助けているのかという情報がもっとたくさんないと、ここで探究したことのどれについても、なかなか受け入れにくいと思うひとたちがいると思うんです（それに、わたしたちが人類を目覚めさせようとするなら、これは重要なことですよね）。

あなたは、彼らが「物質の領域」全体の種を助けるためには、ときには自分たちの次元の外で物質的なかたちを取る、とおっしゃいました。

そのとおり。

そこで、高度に進化した存在が自分たちの次元の外で物質的なかたちを取るとしたら、どうやって注目されないようにするんですか？

高度に進化した存在は、ときには注目される——そして、それを望む。彼らが取るかたちは自分の次元では正常かもしれないが、訪れた環境ではぜんぜん正常ではないかもしれないし、それによって、あえて注目**されようとする。**そうするのは、彼らの次元の外に住む者たちに、（a）彼らが存在すること、（b）彼らが目の前にいること、（c）危害を加えるつもりはなく、ただ助けるために来たことを知らせようとするときだ。

高度に進化した存在は、自分の物質的なかたちに相手がショックを受けたり、怯えて無駄に身構えるかもしれないと感じ、それではそもそも自分たちの次元の外で形而上的存在から物質的存在に移行した意味がない（脅かすためではなく、助けるためだから）と思えば、助けようと思う存在のかたちを取るだろうし、決して混乱や嫌悪や不安や驚愕、警戒を招かずにべつの次元に溶け込むやり方をするだろうね。

どうすれば、それができるのでしょう？

助けようと思う相手のライフサイクルの可能な限り初期に身体に宿り、その文明のあらゆる個体と同じ発達段階をたどることだろう。

ああ、そうか！　そうすれば、ＨＥＢはどこかにいきなり「現れ」たりしないし、訪れた先の文明の住人にいちいち自分のことを説明しなくてすみますね。

そのとおり。

訪問先の星で新しく生まれた、あるいは新しく生じた住人のかたちを取ることで、その地の住民たちのなかでのＨＥＢの存在の完全な歴史と記録が創られる。だから、その文明の環境に彼らが到着したことから起こる混乱は何もない。

それから、これも劣らず重要なことだが、その文明のすべての住民のライフサイクルの最初に現れる理由は、もうひとつある。ＨＥＢは訪問先の歴史と習慣、信念、行動パターンを徹底的に、**経験的に**理解できるようにしているのだ。

すると、その訪問先の環境にいる誰にとっても、ＨＥＢは単なる「仲間のひとり」なんですね。肉体的な違いによって「目立つ」ことはないんだ。「地元民を怯え」させないんですね。

そのとおり。

わかりました。そこで、**大きな疑問**があります。あなたは、その目覚めた種のメンバーがわたしたちを助けようとして人間のかたちを取ることもある、とおっしゃっているのですか？

それは確かにあるね。高度に進化した存在にはそうする能力がある。

そうしたんでしょうか？　率直におっしゃってください。そういうことがあったんですか？

あったよ。稀なケースだが、あった。

それじゃ――よく使われるフレーズで言うなら――「隣のエイリアン」っていうのは、ほんとうだったんだ。宇宙のエイリアンだけじゃなくて、わたしたちの隣にいるエイリアン。

あなたが言っているような意味（何を考えているか、わたしは知っているよ）ではないがね。べつの次元の存在が何千、何百、あるいは何十人も街を歩いたり、レストランであなたの隣にいたり、スーパーマーケットのレジの行列に並んでいたりすると思ってはいけない。そういう意味では「わたしたちの隣に」エイリアンはいないし、これまでもいなかった。

すると、おっしゃるのはどういうことなんでしょう？

わたしは、人類の歴史の稀なケースとして、高度に進化した存在が物質的にメッセージを伝える――もっと重要なことは、目に見える手本となる――手段として人間のかたちを取ったことがある、と言っている。そのメッセージは、人類の前に最も直接的なやり方で提示して考えさせなければ、人間界の大混乱のなかで失われてしまう可能性があったからだ。

それは、あなたがたの時間感覚では数千年余りに一度、起こるかもしれない。めったにない、稀有な出来事だよ。

それよりずっとふつうに使われるのは、心地よさ、洞察、概念、アイデアなどのかたちで癒しや支えのエネルギーを穏やかに送ることを通じて、人類に考えさせ、地上の（どこの星にしても）文明を支援する方法だ。これは、人がインスピレーションと呼ぶプロセスを通じて行われる。

どんな存在も個体も、エネルギーとして誰かの精神に勝手に立ち入ることはできない——それは、いかなる個体も知覚ある存在の思考の私的スペースを侵してはならない、という不文律に反する。HEBはただ、生の場にアイデアを差し出し、そのアイデアが物質の領域で同じようなタイプのエネルギーを発している存在と共鳴する。エネルギーの共鳴が、アイデアを引き寄せる。そんなとき、ひとびとは実際に「どこからともなくアイデアが**ひらめいた**」と言うことが多い。

そのとおりなのだ。そのとおりのことが起こり、完璧なやり方で表現されるのだよ。


エネルギーとして人間の精神に入り込んだりはしないとしたら、HEBはどうやって彼らのアイデアや提案に気づかせるのか、ましてや耳を傾けさせ、受け入れさせるんでしょう？


単純にカール・ユングが言った集合的無意識の流れに投げ込むのだよ。そのアイデアに共鳴する人間は、波動の一致によって自分が磁化されたと気づく。

もちろん、すべては特定の周波数で振動しているエネルギーだ。宇宙のあらゆる知覚ある存在は、一致する波動のエネルギーに引きつけられる。そうやって、知覚ある存在はインスピレーションを得たことを発見する。

ところで、それよりはるかに多くのアイデアが人間自身の観察や創意から生まれている。だから、HEBの概念や洞察はごく一部に過ぎない。

しかし、これらの概念や洞察はエネルギーの流れのなかにあり、そこに引きつけられるひとの意識的な気づきのなかに現れることが知られている。そういうひとたちはアイデアが中心になる職業についていることが多いものだ。

その結果、遠大で気持ちを高める、そして革命的と呼ばれるようなアイデアが、本や映画、テレビ、ビデオ、雑誌、新聞、選ばれたソーシャルメディアそのほかの道を通って、大衆へと広がる。

そういうことが定期的に起こっているのは知っています。どのアイデアがどこから来たのか、正確にはわかりませんが、人間どうしのもっと良い交流を扱ったたくさんの映画や本、インターネット上の記事、その他のメッセージを見てきました。そういうメッセージは、人類にいままでとは違ったすばらしい文化のストーリーを提供し、わたしたちの集団的な未来に大胆な新しいシナリオを提示してくれるんです。

ところで、聞きたいことがあるんですが。わたしがたったいま経験していることも、そのプロセスのひとつなんですか？　わたしと神との対話はすべて、ほんとうは高度に進化した存在との対話だったんでしょうか？

いや、そうではない。この対話の源は、わたしが説明してきた**高度に進化した存在**ではない。それがあなたの質問の意味ならね。これは**「神性」**が宇宙全体で表現される、もっと大きなプロセスの一部だ。

宇宙のあらゆる知覚ある存在は、**「神性」**と直接コミュニケーションする能力をもっている。**高度に進化した存在**であれ、ほかの何者であれ、どんな仲介も必要ないし、これまでも決してなかったのだよ。

すべての人間はいつでもわたしと対話している。ただ、そう「公言」しないか、馬鹿にされたりのけ者にされるのを心配して、べつの呼び方をしているだけだ。

高度に進化した存在は、**「本源的な源（Original Source）」**との永遠のつながりにもっとよく気づいている。自分たちがその表現であることを決して否定せず、あなたがたが神と呼ぶ「基本的なエッセンス」との絶え間ないコミュニケーションを経験し、わたしとの永遠なるつながりと継続的な一体性の結果として自分たちが理解し経験したことを伝えることに、喜びと充足を感じている。

だから、高度に進化した存在は、何千年かのあいだにときどき地球にやってきたのですね。

そうだ。

あなたがた人類の進歩に大きな利益となるはずのメッセージが、決して見過ごされないやり方で伝えられ、手本となる最善の機会を提供できるだろう、というときにね。

念のために言っておくが、そのメッセージは必ず受け入れられないといけないわけではない。高度に進化した存在は、誰にも何事も要求したり、強制したりしない。

どの場合も、絶対に見過ごされないやり方でメッセージを伝えて、手本とすることが、ＨＥＢの目的なのだ。

25

そのすべてをもっともっと良く理解したいと、とても強く思います。どこまで細部にこだわるのかと思われるかもしれないのですが、自分としては可能な限り徹底的に把握できないと、なかなか受け入れられないんですよ。

心配しなくてよろしい。これまでの対話でも言ったように、あなたは弁解したり、謝ったりしなければならないと思わなくていいのだよ。

そう、前にもおっしゃいましたね。ありがとうございます。

これは念のために言うのだが、おもしろいからといって、**高度に進化した存在**についての技術的な細部に終始し、あなたが生きて分かち合うようにと勧められている最も重要な側面を見失わないようにしないといけないよ――それはあなたがたすべてが、どのようにして地上の経験を**「人類」**と呼ばれる目覚めた種のそれにまで高めるか、ということだ。

あなたは、どうすればすばらしく高められた考えを日常生活に充分に取り入れ、その過程で自分自身のふるまいを変えていけるか、ということを知りたいと思うだろう。

それに、もっと愛について語りたいね。真の愛。ほんとうの愛。宇宙の基本的なエネルギーだよ。

それから、あなたがたがどうすればその純粋なかたちを経験し、表現できるかについて。

ありがとうございます。その重点を見失わないように気をつけます。すべてを、わたしの個人的経験にかかわる非常に重要なテーマと結びつけたいんです。だって、わたしが躊躇なく三つめの招待を受け入れたのは、それがわたし個人にかかわっていると知っていたからなんですよ。誰よりも「わたし」にとってためになるだろうと、わたしにはわかっています。

けれども、もちろんあなたがいままでおっしゃったことに魅了されています。あなたは、人類を目覚めさせるという使命を遂行する道を選んだわたしたちは、それについて心配する必要はないとおっしゃった――わたしたちには助けがある、と。

そうだよ。

そして、その助けはべつの次元の高度に進化した存在から来ると。

そう。

すると、それについて知ることができるすべてを知りたいと、どうしても思うんですよ。彼らがわたしたちをどうやって助けようとしているのかといえば、たぶん、人間がもっと充分に目覚めたら取るであろう行動や選択、決断などを分かち合うことによって、なんでしょうね。だから、あのリストについて見直し、リストが人類にとってもつ意味を探究できて、とてもありがたかったんです。

けれど、その種の情報を充分に吸収するには、その前に、いわゆる高度に進化した存在がほんとうにわたしたちのもとを訪れているのかという、非常に現実的な懐疑をなんとかしなくてはならない、という気がしてなりません……それに、もしそうなら、彼らはどうやって、全世界に混乱を引き起こさずに「切り抜けて」きたのか、ってこともあります。

そこがつかめれば、わたしも論理的に納得できて、わたしたちが目覚めた種として生きるようになったら人間社会はどう変化するのかを探究する気になれるだろうと思います。

それでは、こうしたすべてについて、何を知る必要があるのかな？

まず、いままで聞いてきたことをわたしが明確に理解しているかを確かめたいと思います。

なんでも、質問してごらん。

ありがとうございます。

高度に進化した存在が地上で物質化したときですが——あなたは、それは非常に稀なケースだが、起こった、とおっしゃいました——彼らは突然「ひょっこりと」人間たちのあいだに現れるのではなく、人間のライフサイクルの始まりで身体に宿ると言われた。これは正しいですか。

そう、そのとおりだよ。

そこで、質問ですが……その赤ん坊について母親と父親は気づいている——そう、考えていいのでしょうか？　赤ん坊がほんとうに高度に進化した存在なら、侵略的、侵襲的なやり方で身体に宿るとは思えないんですが。

そのとおり。その子どもをもうける両親は、自分たちが非常に特別な目的をもった子どもを生み出す機会を得たのだという内なる気づきを、穏やかに愛情深く吹き込まれるだろう。そして、その機会を生かすか拒否するかは、そのひとたちが決めることになる。

でも、そうは言っても、あるカップルがエイリアンを生み出すという考えは、わたしならとても受け入れがたい感じがするんですが。すごいチャレンジだという気がしますよ。

人間の子どもになる**高度に進化した存在**は、どんな意味でも「エイリアン」ではない。それは、あなたがいわゆる「死」というプロセスを通じて物質的な身体を離れ、それからいわゆる「誕生」というプロセスを通じて、形而上的存在から戻ってきて物質世界のべつの生命になるとき、どんな意味でも「エイリアン」ではないのと同じだ。

高度に進化した存在は充分に目覚めた個体で、同じサイクルのなかを移動して同じことをしているが、違うのは、彼らが形而上的な存在から物質的な存在へと次元間を移動していることだ。そして稀な場合に、いわゆる「人間」というかたちを取って物質化する。

なるほど。

それに、あなただって、物質の宇宙であなたが選ぶべつのかたちを取っても「エイリアン」ではないよ。あなたが物質的なかたちを取ろうと決める領域のどんな文明にあっても、「彼らのひとり」であるはずだ。

すみません。また、お話がよくわからなくなりました。

あなたは、宇宙のさまざまな場所、さまざまなかたちで、物質化しようと選択する可能性がある。知らなかったのかな？

ええ、知りませんでした。どこかでそんな考え方と出会ったような気がするし、そんな話を読んだか、聞いたかしたかもしれませんが、それが真実だとは知りませんでしたよ。

真実だよ。

すると、わたしは地上ではないべつの場所で生まれ変わることを選べるのですか？

そう、その選択肢もある。

どうして、そんなことをするんでしょう？

あなたの魂の旅の一環として、知っているそれ自身のすべての側面を経験するという使命の一環として。まったく同じ理由で、あなたの魂はべつの文明を離れて、地上で身体に宿ったのかもしれないよ。

すると、わたしは「ここでは」エイリアンかもしれない、とそうおっしゃるのですか？

いや。ここで生まれたあなたは「エイリアン」ではない。地上にやってくる**高度に進化した存在**が「エイリアン」ではないのと同じように。そこが、肝心な点だ。あなたはただ、地上の存在が可能にする生命のすべての側面を経験するためにここにやってきたが、**べつの次元の高度に進化した存在**は、あなたがたを助けるためにここにやってきたのだ。

わたしは実際にそうしたことがあるんでしょうか？　魂にはそれが可能だとおっしゃっているのはわかりますが、わたしの魂が宇宙のどこかに生まれ変わったことがあるんですか？

ひとつ、聞かせてもらおうか。あなたは夜空を見上げて、なんだかなつかしい気持ちになったことはないかな?

ええ、あります。それはとても興味深い質問ですね。確かにわたしは夜空のある区域に磁石のように引き寄せられて、ホームシックのような気持ちになるんですよ。

あなたが一度も行ったことのない場所に対して、そんな気持ちになると思うかな?

驚いたな。この対話では、ほんとうにたくさんの予想もしなかった場所に連れて行かれるんですねえ。

予想どおりの展開を望むなら、神との対話はしないほうがいいだろうね。

そう、そうですね、きっと。
それでは、魂には寿命と寿命のあいだで、どの場所で物質化するかを決める選択肢がある、とおっしゃるのですね。

すべての魂の経験全部が選択だよ。つねに、永遠に、選択、選択、選択だ。自由な選択。**「神性である存在」**の**「神性」**であることの選択。

ふうむ……そうなのか……知りませんでした……信じがたい、という言葉しか、思いつかないなあ。「信じられない」と言いたいのを我慢していますよ。

どうして、そんなに驚くのかな？　そう書かれてはいなかったかね。「汝らは神である」と——？

そう、そうですが、誰がその言葉を信じるんですか？　誰が、文字通りに受け取りますか？

あなたがたが投げ捨ててしまうなら、そのメッセージにどんな意味があるのだろうね？

そうですね。でも、聖なる書物はたくさんあって、いろんなことが書いてあり、必ずしもすべての言葉が真実だとは限りません。まあ、公平に言うなら、もともとの言葉を……つまり……「啓示」を誤読したり、誤解している場合もありますよね。ですから、わたしたちは選別しなければなりません。そして、どれを受け入れてしっかり信じるべきかを見分けるのは、簡単ではありません。

そうだね。だから、ごく稀にではあるが、べつの次元の高度に進化した存在が人間のかたちとして身体に宿り、人間のかたちで最も偉大な真実を伝え、手本になるのだ。それによって、あなたがた生まれて間もない種が、すべてを見分けることを可能にするためにね。

高度に進化した存在が人間のかたちになるときには、最も小さな細部から細胞の特質に至るまで

人間性のすべての側面を吸収し、受け入れ、身体化する。だから、エイリアンではなくて完全な人間であり、ただ彼らの知と経験がもたらしている思考と気質、気づきと理解を有しているのだよ。

だからその魂を、ほんとうに高度に進化した人間と呼ぶことができるんですね。

そう、そのとおり。ＨＥＢはあなたがたのように魂だ――物質のかたちとして現れている「神性」だ。彼らはべつの魂が自らの神性を思い出す助けをすることで、自分の「神性」を経験するために、形而上的な領域からあなたがたの次元の物質の領域へと移動することを選んでいる。

すばらしくわかりやすい説明、完璧な注釈ですね。

26

するとと、高度に進化した存在は、わたしたち人類のほかのメンバーと同じ発育の過程をたどり、おとなになると人類を目覚めさせる助けをするという仕事を始めるのですね。

ときには、その前にでもね。

子どものころから助けを始めるんですか？

ときには、そういうこともある。

それなのに、どうやって目立たずにいられるのですか？

実際には目立つね。ほとんどの場合、「傑出している」と言われる。そして、知っていること、語ることによって、ほかのひとびとを驚かせただろう。

だが、HEBの唯一の目的は、まだ発達段階にある文化が考慮できるように、より気高い理想をはっきりと示す情報を残すことだ。

高度に進化した存在は、それをどんなふうにするんですか？　その情報をどうやって「残す」のでしょう？　HEBが地球に来たとき、わたしたちがどんなふうに助けられたかを教えてください。

HEBはひとびとに――ときには年長者に、その後は同輩たちに――語り、耳を傾けられ、ときには何世紀も記憶されることがらを提供したのだよ。

それに、自らのふるまいによって、目覚めた種はどう生きるかという手本も示した。それが文化へのいちばん意義深い貢献であり、メッセージ伝達の主要手段だね。

一部の**高度に進化した存在**は情報を書き残し、小説から詩、そしてドラマ化された芸能など多くのかたちでアイデアを文化に付け加え、そのなかで膨大な真理を明らかにしてきた。

たとえば？　わたしは目覚めた種がどんなふうに考えるのかをお聞きしたくなりました。事例を教えていただきたいんです。

たとえば、傷つけられたという考え方を捨てる――まして、復讐を求めない。傷つけた相手に気高い祝福だけを提供する。どんな種類の自己防衛もしない。

なるほど、それはほんとうにすてきです……何と言ったらいいのか……「進んだ」考えですね。だけど、そういうことを言う人間は誰でも、主流から外れていると切り捨てられ、あまり真剣には受け取られないだろうなあ。

そんなふうに決めつけないことだ。そういう考え方はあなたがたの文化のなかに提示されてきたし、切り捨てられず、それどころか称えられてきたよ。

ブッダと呼ばれたひとは弟子の僧侶たちにこう語った。

たとえ道で強盗に襲撃され、ものを奪われたとしても、「悪意を抱く者はみな、わたしの教えを守っていないことになる。僧侶たちよ、そのような状況であっても、こう心がけなさい。『これによってわたしの心が影響されず、充分な気遣いと憐み、愛の精神を抱き続けて、憎しみに負けずにいられますように。それどころか、当の相手に普遍的な愛の思いを向け、全世界と同じく彼らをも、わたしたちの普遍的な――大きく育ち、気高く、限りない――愛の思いの対象とできますように。わたしたちは敵意と悪意のない思いを放出しつつ生きられますように』。僧侶たちよ、あなたがたはそのように修行すべきなのだ」と。

それから、イエスという名のひとはこう言ったのではなかったか？

「あなたの敵を愛し、あなたを呪うひとたちを祝福し、あなたを憎むひとたちに善をなし、あなたを悪意で利用するひとたちや迫害するひとたちのために祈りなさい――」

それに、彼はこうも言わなかっただろうか？「誰かがあなたの右の頬を打ったら、左の頬を差し出しなさい――」

ブッダやイエスが、べつの次元から来た高度に進化した存在だったとおっしゃるんですか？

わたしが言っているのは、そのような考え方は人間の文化のなかでは、当時、そう広くは受け入れられず、実践もされていなかった、ということだよ。

いまだって、そうですが。

いまだって、そうだね。そのように語ったひとたちはインスピレーションを得ていた。

それで、彼らはＨＥＢなんですか、違うんですか？

人類史に現れたひとたちのなかで、あなたがたの星で身体に宿った**高度に進化した存在**からインスピレーションを得たのは誰なのか——あるいは、実際に誰が高度に進化した存在だったのか——それをいちいち明らかにしたところで、ここでの目的にはまるで役に立たないだろう。

わたしがお尋ねしているのは、この対話で与えられる情報からして、一部のひとたちはあなたが過去の偉大な師や哲学者、メッセンジャーたちは——老子からソクラテス、ブッダからイエスにいたるまで……またその二百年後のベネディクト会系女子修道院長のヒルデガルト・フォン・ビンゲンからイングランドの神学者ノリッチのジュリアンまで……それから、これらの男女の前後に現れたほかの手本や教師たちが——べつの次元の**高度に進化した存在**だとおっしゃっていると考えるのではないか、と思うからなんです。

あなたは、そういう意味のことをおっしゃっているのですか？

それがもうすでに、彼らのメッセージから逸れていることがわからないかな？　彼らの手本という驚異や栄光、彼らのメッセージの洞察と知恵について、それが**高度に進化した存在**によってインスピレーションを得たかもしれないがゆえに、あるいは彼ら自身がそういう存在で、べつの次元からやってきて人類を助けるために人間として生まれたのかもしれないがゆえに、これまでとは違った考え方をしなければならない、ということになりそうではないか。

だが、どんなメッセージや手本であっても、その**源**より**内容**のほうがはるかに重要ではないかね？

ＨＥＢがあなたがたの発達過程でインスピレーションを与えてきたのは、あなたがたの過去について問いかけさせるためではなく、栄光ある未来を創造する気を起こさせるためだよ。

源が何であれ、真実は真実だ。

それでは、わたしたちの遠い過去の問題は措いておくとして、ひとつ、尋ねさせてください。そのような存在はいまも、地上で身体に宿っているのですか？

そういう系統の質問もまた、同じく何の目的にも役立たないだろうね。

もしわたしが「イエス」と言ったら、あなたはすぐにそれが誰なのかを知りたがるだろう。「ノー。いま現在はいない」と言ったら、あなたはいちばん近い過去に現れたのは誰だったのか、と尋ねるだろう。

いずれにせよ、過去あるいは現在、あなたがたのなかにいる誰かを**べつの次元**の目覚めた種の一員であると特定すれば、一部のひとたちの心では、人間たちが少なくとも部分的に受け入れてきた非常に重要なメッセージが無効になってしまう——あるいは逆に、彼らが語ったこと、書いたことの一語一語を過度に持ち上げて、これからは自分自身ではなく、それを信じることにしてしまう。

痛いところを突かれました。

そのつもりだからね。せっかく高度に進化した存在が人類を助けようとしても、そのせいで結局、人類が彼らの助けを求めるようになったのでは、意味がないだろう。

大切なのは、人間たちが**「ほんとうの自分」**に関する目覚めを我がものにすることで、誰かの目覚めで**代用すること**ではない。

そうですね。わたしたちの宗教はすでにそうしてきました。同じことを繰り返す必要はないんだ。

そのとおり。HEBが人類を助けようとするうえでのもうひとつの使命は、人間たちの壮大さを自分たちのそれによって置き換えることではなく、あなたがた人類に考えさせるように提示された選び抜かれた言葉や考えによって、人間たちの壮大さをさらに強化することなのだ。

だから、「もし、道で向こうからやってくるブッダに出会ったら、逃げなさい」(これは、穏やかに言い換えているのだがね）と言われるのだよ。

その言葉の意味が、わたしにはわかりませんでしたよ。

彼がブッダのように見えブッダのように歩き、ブッダのように語り、ブッダのように行動するなら、彼はブッダではなくインチキで、あなたの関心や称賛を求めているに違いない、ということだ。真のブッダなら、あなたがたから何も求めず、まして**自分の**偉大さを認めさせようとはせず、ただ、あなた自身の自己実現だけを望んでいる。

なるほど、わかりましたよ。そして、それは少し前のわたしの疑念に対する二つめのすばらしい回答ですね。わたしや人類を目覚めさせようと決意したほかのひとたちが、ついつい偉そうに見せたくなるかもしれない、という問題です。

エゴがそうしたがるとしても、深い気づきがあれば、それが三つめの招待を受け入れる目的そのものを裏切ることがはっきりわかるはずですね。

そのとおり。そして同じ理由で、過去あるいは現在、地上を訪れているＨＥＢの素性を明らかにすることは、その稀有な訪問の目的そのものを裏切ることになるだろう。

わかりました。これ以上、そのことはお聞きしません――わたしの好奇心は大いに刺激されたと言わなくてはなりませんけれどね。

あなたがたにとってそれよりもはるかに有益なのは、地上のすべてのひとたちがいつ、真に目覚めた種として生きようと決意するのだろう、という好奇心を満足させることだろうね。それについては、HEBも同じ思いだろうな。

27

いままで議論してきた形而上学的なすべてを、「しろうとにわかる言葉」で理解することは可能でしょうか。

可能だよ。問題は、あなたがそれだけの辛抱強さと関心をもっているかということだね。あなた自身やあなたがたの多次元宇宙、それに神について、あなたがたの理解をもっと広げることは役に立つだろう。だが、いまは大学院レベルの勉強に感じられるかもしれないが。

お願いします。興味津々ですよ。

まず、こう考えなさい。あらゆる場所の生命は物質よりはるかに大きなスペースによって構成されている。

(このことは顕微鏡や望遠鏡を使えば、簡単に観察できる。意外なことではないが、宇宙と砂粒は、砂の拡大の度合いによってはまったく同じに見える。大宇宙と小宇宙は基本的に同一だ)

さて、純粋なエネルギー——わたしたちが「基本的なエッセンス」と呼ぶ生命の主たる表現——が凝固するとき、それは人間の言葉でいう「物質」に変容する。

これらの凝固は激しいスピードで振動し揺れているので、粒子はつねに動いている。それもその場で振動し回転しているだけでなく、回転エネルギーによってスペースのなかを移動している——回転している独楽《こま》がテーブルの上を移動していくようなものだ。

この無数の粒子は（相対的に）非常に速く動いていて、ここかあそこかに現れるのではなく、一度にすべての場所に現れているように見えるので、そこから固体性という——あなたがたなら「物質」と呼ぶだろう——幻想が創り出される。

扇風機の羽や自転車のスポークを観察すると、同じ幻想が生まれているのがわかるよ。固体性の幻想だ。


なるほど、わかりました。すると、ただ「基本的なエッセンス」の周波数というかスピードを低下させることで、べつの次元のＨＥＢは固体性から、あるいは「身体」から離れる、とおっしゃるんですね。


そのとおり。彼らは要するにエネルギー粒子の回転を劇的に遅くし、それによって粒子が振動パターンによってある場所からべつの場所へ到達する時間を拡大する。

すると、突然に粒子と粒子のあいだのスペースが見えるようになる。自転車の車輪の回転が遅くなると、スポークとスポークのあいだのスペースが見えてくるように。

（ところで、宇宙、あるいはいずれの銀河系でも、充分な距離をとってはるかに眺めれば、見えるのは**巨大な輪**なのだよ）

さて、自転車の車輪のスポークとスポークのあいだのスペースが充分に大きければ（たとえばあなたが微生物のサイズになって近視眼的に見れば）――次のスポークが現れて通り過ぎるまでの長い間、見えるのはからっぽのスペースだけだろう。つまり、次のスポークが現れるまで待つあいだ、観察し続けても、固体性は消えたように見える。あなたが知らないのは、**そもそも初めから固体性はなかった、**ということだ。スポークが視界を通り過ぎていく速度が**「固体性の幻想」**を創り出しているだけなのだよ。

高度に進化した存在が物質性から離れるとき、ＨＥＢのエネルギー回転の間隔が（相対的に）非常に長いので、その振動と振動のあいだのスペースも（これも相対的に、だが）巨大になる――そこで、外からは堅固な物質のように見えた形はもう現れてはいない。とてつもない（あなたがたには計り知れない）距離をとって見ない限り、その個体は見えないから、まるで「消滅」したように見える。

方程式は単純だよ。

［時間＋空間＝出現］

宇宙全体から――そして宇宙の集まりの**宇宙**から――はるかに遠く離れて見ることができれば、あなたには「神の身体」が見えるだろう。

するとと、物理学者がいま推測していることは真実なんですね？　あなたは、宇宙はひとつだけではない、と言われるんですね？

そう。総合的秩序である宇宙（Cosmos）はひとつの宇宙（Universe）ではなく、多元宇宙（Multiverse）だ。

それでは、使い古された言葉ですが、「わたしたちはその半分も知らない」ってことですね。

正確に言えば——新しい言い方をするなら——あなたがたはその百分の一も知らない。だが**べつの次元の高度に進化した存在**は、存在の形而上学を完璧に理解しているから、自分たちのエネルギーの振動の周波数のゆえに存在することもなければ、存在しなくなることもない、とはっきりわかっている。ただ「物質」として現れたように、あるいは消えたように見えるだけだ、とね。

「存在するかしないか、それが問題だ」

まさに、そのとおり——

HEBは、彼らが「基本的なエッセンス」の個別の振動として、つねに永遠に存在していることと、自分たちはエネルギーの波動を管理し、周波数を変更して、目に見えるようになったり見えなくなったりする、つまり目的に応じて、あなたがたの言う「物質」になったり「非物質化」したりすることを知っているのだよ。

なんて、わかりやすいんでしょう。彼らはほんとうは「身体に宿る」ことも「身体を捨てる」こともなくて、ただつねに存在しているんですね。彼らはつねに、その両方なんだ。そして、エネルギーの振動の速度を変えて——ある意味、自らを拡大したり、縮小したりして——多かれ少なかれスペースを占めているんですね。

そして、神はあまりにも巨大だから、そのエネルギーの振動のゆえに、ぜんぜん見えないってことですね！　だからといって、あなたがそこにいないわけではなく、ただ、あなたのエネルギーの粒子と粒子のあいだのスペースがあまりにも広大だ、というに過ぎないのでしょう。

すばらしい。理解したではないか！「神」の形而上的説明だね！

あなたも**あらゆるもの**も、神のエネルギー粒子なのだ。そして総合宇宙《コスモス》で回転している巨大な粒子の間隔は、**あなたがた**を構成している粒子と粒子のあいだの総体的に巨大なスペースに反映されている。

だから、自分の身体を巨大な拡大鏡を通して見れば、そこには夜空を見上げたときとまったく同じものが見えるだろう、ということが理解できたかね――どうかな？　あなたも総合宇宙《コスモス》も、その九九パーセントは空間《スペース》なのだよ。

この類似性が偶然だと思うかな？　地上のあらゆるひとから空気を吸い出してしまえば、残るのはエネルギー粒子だけで、人類全体が子どものビー玉ひとつに収まってしまうだろう。

すごい話だなあ。

そして、理解にとても役立つだろう。ほとんどの人間は自分を、そのエネルギー粒子が最高速度で移動しているときに見たり経験したりするものだと考えている。

つまり、自分はシンプルな形而上的操作によって身体を**創造している**魂だと考えるのではなく、身体だと考えている。

ひとのエネルギー粒子が最高速度で動いているとき、あなたがたはそのひとが「生きている」と言う。そして、エネルギーの動きが非常に遅くなると、「死んだ」と言う。

だが、死は存在しない。あなたがたは存在をやめることはなく、ただかたちを変える。実際、あなたがたが「死ぬ」とき、あなたがたはもっと**拡大する**のだよ。

すると、わたしは決して「物質でなくなる」ことはないのですね。つねにエネルギーの集合で、そうでなくなることは決してないのですね。「死」は存在しない、とおっしゃるのは、そういう意味なんだ！ わたしが「物質」であるか「非物質」であるか、それは単純にわたしである粒子が回転する時間がどれほど**拡大している**か、という問題なんですね。というか、時空の連続体（Space/Time Continuum）のなかで、わたしの粒子がどれほど間隔を空けているか、ということでしょう！ そして、それは粒子が回転し、互いの周囲を移動する速度の働きなんですね。

わかったかな？ あなたはそれらすべてをしろうとにわかる言葉で理解できるだろうかと尋ね、わたしは「理解できる」と言った——そして、あなたは理解した。

けれども、魂が離れても、わたしの身体は物質的に存在し続けます。埋められたり、焼かれたり、何らかの方法で処理されますが、消えてしまうことはありません。

そう。ただ現在の物質的なかたちで存在することをやめるだけだ。そして、いずれは消散する。

というか、わたしには地球ともっと「合体」するように思えます。わたしの「死体」はいずれは解体され、埋められた地球の一部になりますよね。火葬なら、即座に地球と総合宇宙《コスモス》を構成しているチリになる。でも、離れて消えてしまうことはないんだ。

そのとおりだよ。あなたがもっていた身体は離れて消えてしまうのではなく、**再統合**される。いずれ、周囲の物質と完全に統合されるのだが、それが皮肉なことに消えたように見える。実際には**消える**わけではぜんぜんなくて、**新しい**姿になるのだがね。今度はすべてを作っているものに融合するというか、それとひとつになったように見える。

灰を灰に、チリをチリに返す、ですね。

まさに、そうだね。それから、粒子はその身体に宿っていた魂によって集められ、**精神（Mind）と霊（Spirit）**と一体になり、再び三つの部分からなる自己になる。それが、これまでいろいろと書かれている「肉体の復活」だよ。

けれども、それは高度に進化した存在の場合と違って、瞬時に起こるのではありませんよね。それが、わたしの言いたいことなんです。そのプロセスには時間がかかりますよね。

幻想の枠組みで見れば、そのとおりだ。だが、もっと優れた視点、形而上的なかたちの魂の視点から見れば、すべては瞬時に起こる。

あなたが身体とか精神と呼んでいるエネルギー的表現は、すべての永遠性のなかを魂とともに旅している——事実、魂の一部なのだ。精神が限られた理解のなかで身体とか精神と呼んでいるものは単に魂のエネルギーの側面に過ぎず、魂は特定の周波数で振動することで身体や精神を特定のやり方で経験させ、表現させている。

あなたがたは三つの部分——身体、精神、霊——からできている存在で、決してそれ以下でもそれ以上でもあり得ない。あなたがたが形而上的存在から物質的存在へと移動するときには、**「ほんとうの自分」**のこれらの側面をただ解体し、再統合するだけなのだよ。

どうしてそんなことが可能なのかを理解するには、あなたがたが「白光」と呼んでいるものを考えるといいのではないかな。白光は電磁スペクトル上の異なる波長の光の集合だ。分散プリズムを通せば、白光を構成しているスペクトル色が見える。

物質性を**「究極の現実」**のプリズムだと考えてみよう。魂がそのプリズムを通過して物質性の世界に入ると、その構成部分、つまり身体、精神、霊に分かれる。プリズムを逆に通過すると——人間の言葉で言えば「死去」すると——魂はまたひとつの要素になる。

そのひとつの要素があなたなのだよ。

28

そういうことすべてが——あなたがとてもうまく説明してくださったプロセスのすべてが——起こるには、**時間と空間が必要だという気がしてならないんです。**でも、あなたは時間とか空間というものはない、とおっしゃっていますよね。そこが、納得できるといいんですが。

あなたはほんとうに、生命の宇宙論をもっと深く知りたいと思っているようだね。

すみません。前にも言いましたけれど。どうもそのあたりのすべてを理解し、受け入れられないと、何も理解できない——受け入れられない——ようなんです。

かまわないよ。それでよろしい。**懐疑的であり続けなさい。**それはあなたの兄弟たち姉妹たちのためでもあるね。人類を目覚めさせるかどうか、ということだから。

以前にもいろいろと説明しているが、これが初めてというひとたちもいるかもしれない。それに、あなたのように、わたしが話したことを頭のどこか遠いところに仕舞い込んで忘れてしまったひともいるかもしれない。それでは、ここで短い説明をしよう。もっと詳しく知りたいと思うなら、いままでの対話を再読すればよろしい。

お願いします。というのも、わたしがここで問題にしているのは、人間やべつの次元の高度に進化した存在のすべてが自分自身をより高く、さらに高いレベルで経験しつつ進化するプロセスには時間がかかる、と思われることなんです。ですから、そこをもう一度、はっきりさせなくてはならないんですよ。それは、生きていくうえでの現実的な問題にも役立つと思うんです。

そう、そのとおりだろうね。

そこであなたは、高度に進化した存在でさえも、あなたのおっしゃる時間の「幻想」のなかで生きている、と言われるのでしょうか？

そのとおり。違うのは、前にも言ったように、彼らはそれが幻想であると知っているから、とぎれとぎれに幻想に焦点を絞り、目の前の目的のために活用する、ということだ。

ううん、またよくわからなくなりました。どうも、行き詰まってしまうんだなあ。何だか、わけがわからなくなってしまうんですよ。

それでは、行き詰まりを打開できそうな例を挙げてみよう。好きな映画のＤＶＤを考えてごらん。ストーリー全部がそのディスクに入っているね、そうだろう？

そうです。

だが、あなたはそれを一度に見ることはない。少しずつレーザーをデータに絞っていく。ある部分、そして次の部分、それからまた次の部分に――そうすると、実際にデータは経時的に**存在している**ようにしか見えない。そうではないことを知っていてもね。あなたはすべてが一度にそこに存在していると知っている。すべてはつねにそこにある。

さて、総合宇宙のコミュニティのなかの知覚ある存在としては幼い人間たちは、どうすればいいのだろうか。**高度に進化した存在**は、宇宙と呼ばれる巨大なディスクのデータをどう扱うと思う？

その説明は前にもしてくださいましたね。忘れていましたが。もう一度、教えてくださってありがとうございます。すばらしいたとえですよね。やっと、行き詰まりが打開できた気がします。

よかった。幻想を理解し始めたようだね。だが、ほとんどの人間は時間と空間が幻想であると知らず、時間と空間に制約されると想像し、時間と空間の「法則」に従わなければならないと思っている。ほんとうは人生のすべてが同じなのだよ。「ルール」を知っていれば、従わずにいることもできる。あるいはルールを活用して望む結果を生み出すこともできる。もちろん、「わたし」が壮大なスケールで行っているのも、それだ。そして、神のように行動する存在がしているのも同じことだよ。

では、わたしたちは時間と空間の法則を無視できると、本気で示唆なさっているんですね？　それって、誇大妄想を抱いた人間に、重力の法則を無視して飛ぶことが可能だからパラシュートをつけずに飛行機から飛び降りろ、と示唆するようなものではありませんか？

わたしはあなたがたが理解しているどの宇宙の法則についても、無視しろと示唆しているわけではない。**活用できる、**と示唆しているのだよ。

どうやって活用するんですか？　時間と空間が幻想であることにしても、平均的なひとたちはどうすれば知ることができますか？　だって、わたしたちにはほんとうにリアルに見えるんです。

そのはずだからね。そこが、肝心なのだ。時間と空間は、あなたがたが最高レベルで――それから次の最高レベルで、そしてまた次のというように、**人生**のすべてを……それからすべての人生を通じて――「自己」を表現し、経験できる**「文脈的な場（Contextual Field）」**を作るために創造されたのだからね。

でも、わたしの二つの疑問はまだ解消されていません。わたしたちはどうやって、その幻想を活用するのか。それから、しつこくて申し訳ないんですが、そもそも幻想だということをどうすれば知ることができるのか？　個人的にはＤＶＤの例がとても気に入っているんですが、それを証拠だてる方法はありますか？

あなたがたは時間と空間がそう見えているようなものではないことを理解し、気づくことで、さらにさまざまな経験を生み出すさまざまな方法で反応し、対応することによって、幻想をうまく活用することができる。

たとえば「楽しくてたまらないときには、時間が飛ぶように過ぎていく」という経験はないかな？　逆に、何か特別なこと、重要なことを待っているときには、三週間が三ヵ月にも思えることは？

ええ。それに、「せっぱつまった」ときほど生産的になれる、ということも知っています。

そのとおり。せっぱつまった最後の四時間には、通常の二日分のことが成し遂げられるものだ！　さて、そこが理解できるなら、実際的に役立つというのはそういうことだよ。あなたがたは選択さえすれば、これから十日間にこれまでの数百年よりももっと多く、そしてこれからの十年にこれまでの数世紀よりももっと多く、地球の資源を保全し、環境を守り、地球上のひとびとの条件を改善し、個人的な変容を経験することができる。

それを可能にする第一歩は、**時間が幻想である**ことを受け入れ、「時間がない」ことに制約されたり、くじけたりしないことだ——あるいは、「まだまだ時間は**たっぷり**ある」と考えて、やる気を失ったりしないことだ。

自分の能力の評価や目的設定に時間をかかわらせないこと。そんな人為的な制限から自分を解放しなさい。あなたがたの世界で昔から言われるように、やればできるのだから、「明日」まで延ばしていたことをいますぐに始めなさい。

ただのDVDのたとえではなく、あなたがたが理解しているような時間は幻想である物理学的な証拠を挙げてみようか。宇宙船に乗って地球からはるかに離れたところまで旅し、そこから地球を振り返って、弟が何をしているかを観察するとしたら、あなたは弟の「現在」ではなく、過去を見ることになる。そうだね。

それから、自分が発進するところだって見られるんですよね！

そのとおり。充分なスピードではるか遠くまで旅して、そこで振り返れば、自分の過去をのぞくこともできる。

つまり、わたしは一度に二つの場所にいるってことですね！

(えへん――あなたは「未来の自分」に話しかけたことはないのかな？)

同様に、あなたが地球上のある「時刻」に、はるかに遠い宇宙空間のある位置から**旅立ち、**地球に向かっている途中で地球で起こっていることをスナップ写真に収めることができたら、その瞬間に弟が地上で経験している「いま」を見るとして、それは**弟の未来**ということになるだろう。

そんなこと、わたしに理解できるのでしょうか。どうすれば、それが真実だとわかりますか？

アルバート・アインシュタインの研究を勉強してごらん。物理学者に尋ねてごらん。空間移動と時間の経過には直接のつながりがある、と教えてくれるよ。

それが、いわゆる時空の連続体（Space/Time Continuum）ということですか？

まさにそのとおりだ。空間と時間は違う二つのものではなく、宇宙（Cosmos）の単一の要素なのだ。**「ただひとつの現実（Single Reality）」**の二つの側面なのだよ。

その**「ただひとつの現実」**には、過去だの現在だの未来だのというものはない。あるのはただ、あなたが**「そのすべて」**をどう見るか、ということだけだ。あるのは**「いまという黄金の瞬間（Golden Moment of Now）」**で、それが**「時空の連続体」**の異なる「場所」で経験されている。

あなたは以前、過去に起こったこと、いま起こっていること、これから起こることはすべて――たったいま起こっている、とおっしゃいました。あれは、そういう意味だったのですね。

そうだよ。

わたしたちの時間という経験は、空間のなかのわたしたちがいる場所によって創造されている、そうおっしゃっているのですか？

そう。

それでは、わたしたちはどうすればものごとを変えられるんでしょう？　もしすべてはすでに起こっているとしたら、未来を変えたくたって、変えられませんよ！

あなたが、そしていま生きているすべてが**「経験」**する未来を変えることはできるよ。「未来」はひとつだけでなく、あなたが創造し得る可能性のあるあらゆる未来が存在するのだから。

コンピュータのチェス・ゲームを考えてごらん。考えられるすべての手の考えられるすべての結果はすでにプログラムされている。あなたは自分が指す手によってゲームをどう進めるかを決定するが、明日、ゲームのディスクをコンピュータにセットすれば、まったく違った手からゲームを始めることができるし、プログラムはぜんぜん違った展開を示すだろう――まったく違った「未来」が生み出され、まったく違った結果になる。

コンピュータのチェス・ゲームでは、可能性のあるすべての未来はすでに存在していて、あなたは自分が指す手をもとに、どの結果を経験するかを決めているわけだ。

なるほど、それもまたすばらしい比喩ですね！　わたしの限られた頭でさえ、現実というものについて新しい考え方ができるようになってきましたよ。

あなたやあなたの後に生きるひとたちは、未来を「変える」ことができるし、そうするだろう（あなたがたはただ、自分の行為によって未来を選択しているだけなのだ)。それが、生きとし生けるものに、それからその後に来るものたちに影響して——そして何世代にもわたって続いていく。

わたしが、過去に起こったこと、いま起こっていること、これから起こることはすべて**たったいま**起こっている、と言ったのは、言葉の最も大きな意味での「すべて」だ。そこには、あなたが想像し得るあらゆる可能性とあらゆる結果、そしてあらゆる未来が含まれている——そのなかには、あなたがまだ思いつきもしないものもあるのだよ。

それでは、未来は確約されているんですね！　自分の「動き」次第であれかこれかになるけれど、何らかのかたちの未来が存在することはわかっているんですね。

未来は確約**されているよ。**だが、どの「未来」を経験するかは、あなたがた**次第だ。**あなたがたが選びようもなく迎えるしかない**「ただひとつの未来」**というものはない。あなたがたが自分の選択と行動に基づいて創造し、経験する**「未来」**があるのだ。

あなたは「ここでは、見えているよりもっと多くのことが進行している」と、よくおっしゃいました。あれは冗談ではなかったんですね。文字通りの意味だったんだ。

そう、そのとおりだ。そして、あなたの知覚力が育って、わたしが文字通り意味していることが理解できるようになったわけだ。

そこで、あなたが地上の未来を心配するなら、「いま」の状況に影響を与え、変更することで、特定の「未来」を創造すればいいのだよ。

生命は決して終わりはしない。なぜなら、生命には「始まり」もなければ、「終わり」もないから。ただ、あなたがたは現在の意識の状態のなかで、一時にひとつの生命を経験するだけだ。現在の生命の流れがあなたに、そしてともに**時空の連続体**を旅しているすべてのひとたちに何をもたらすか、それはあなたと彼らの肩にかかっている。

なるほど、考えさせられます。そして、いまおっしゃったことの多くは『神へ帰る』のなかでも触れておられますよね。思い出しました。それで読み返してみたのですが、あなたははっきりとおっしゃっておられる。「正しい見方で多次元的に見れば、宇宙には謎などない。ただし、ほとんどのひとは視点が限られているから、正しい見方をするのは容易ではないが。あなたは自分を身体とともに『空間』と『時間』のなかに置き、身体に可能な限定された方向で見て、知覚して、動いている。しかし、身体はほんとうのあなたではなく、あなたが所有しているものだ」と。

そう。今回分かち合われていることで、以前あなたに話したことは、それだけではないがね。しかし、いまの対話であなたはその多くをまとめ、現在のやりとりの要点を把握し、活性化している。

あなたもほかのひとたちも、今回の要約を手っ取り早い参考書、確かな手がかりにできる。そして自分が目覚めているという事実に目覚めることを選択し、さらにほかのひとの目覚めをできる限りの方法で支援しようとつつましく努力するひとたちにとっての力強いツールとして、活用できるだろう。

29

ここでちょっと、宇宙のほかの星に住んでいる、進歩してはいるが必ずしも進化していない個体たちの話に戻りたいんです。あなたは、彼らの一部は技術的にははるかに進んでいるにもかかわらず、地上の若い種たちが暴力的であるのと同じくらい暴力的だとおっしゃいました。それで、お尋ねしたいんですが……

どうして、その知覚ある存在たちの文明は、助けを得る前にそこまで進歩できたのでしょうか？どうして、彼らがいまの地球人のように若かったときに、べつの次元の高度に進化した存在たちがアプローチしなかったんですか？　そうすれば、彼らの未熟な暴力的行動は癒され、変容したはずではないのですか？

アプローチはされたよ。友よ、ちゃんとされている。

それなのに、助けにならなかった？　それは解《げ》せません。あなたが神であるなら、そしてＨＥＢが――どう言ったらいいんでしょうか……その使者たちが――「神性」の多くのかたちのひとつであるなら、ほかの生命体が進化することを助けて、「ほんとうの自分」を表現し、経験しているなら……その努力が、べつの面では進歩しているその個体たちの意識を変容させ、そんな暴力をさっさと捨てさせることができなかったのは、なぜなんですか？

宇宙のあらゆる存在者は――広く言えばあらゆる文明は――選択の自由をもっている。覚えているかな？　すべての知覚ある生命の基本的な性質は、自由だ。自分が選ぶどんな現実でも創造できる自由だよ。

いままでは古くなった文明の多くは、地球の文明のように若かったとき、自分の「真のアイデンティティ」に目覚める選択をしなかった。

でも、神に失敗はあり得ないんだと思っていましたよ。何事についても、です。

失敗が存在する、というのは、人間の十の幻想のひとつですよね。それなら、べつの次元のＨＥＢの試みはどうして、物質の領域のべつの星に住む、進歩してはいるが充分に進化していない存在たちにインスピレーションを与えて、自由意志で自分たちの「神性」に目覚めさせるように仕向けられなかったんでしょう？

彼らの努力で無益なものはいっさいない。彼らは多くの個体にインスピレーションを与えた。しかし文明全体としてはべつの道を選び続けた。しかし――神の「失敗」についてのあなたの疑問に答えるなら――宇宙の知覚ある存在のすべては、いつかは自分の「神性」を受け入れることを自由に選択するのだよ。

そうなんですか？

そう。問題は、彼らが自由にそれを選択するかどうかではなく、自分たちの文明に、また自分たちが繁栄している星に大きなダメージを引き起こしてしまい、自分たちが知っている生命のかたちを決定的に変化させてしまう前に、あるいは後に——また、それが理由で——選択するかどうか、ということだ。

いろいろな意味で**肝心なのは、**「彼らが知っている生命」に終わりをもたらすのか——そうではなく、新しく変容したあり方によって生まれる、もっと新しくて楽しい**生き方**に換えるのか、ということだ。

すると問題は、べつの次元に存在する高度に進化した存在がほかの物質的スペースにいる者たちを目覚めさせるかどうかではなくて、いつ、目覚めさせるか、なんですね。

そういう枠組みでとらえてもかまわないね。

それは、どういう意味でしょうか?

時間に関するあなたの現在の理解の枠組みではそうなる、ということだ。

ああ、先ほど見てきましたね。すると、あるレベルでは、それはすでに起こっているんだ!

そして、前に指摘したように、何事も順番に起こっているのではない。すべては同時に起こっている。その現実についてのあなたがたひとりひとりの経験は順番に起こっているように見えるが、現実は全的に同時に存在する。だから、生命は「連続同時」だと言ってもいいだろうな。

もし「未来」がすでに起こっているなら、神であるあなたは「起こった」すべてをすでにご存じのはずですね。

それでは、どうか教えてください。どんな結果になるのか、わたしたちはあらゆる不安や戸惑いや心配や苦労から解放されるんでしょうか……

それはやめておこう。

なぜですか。「一大秘密」で、うっかり漏らしてはいけないことになっているからですか？

いや。考え得るすべての結果はすでに起こっているのだから、あなたもこの生にいるみんなも自分が選んだ結果を経験することになる——わたしはその選択を阻んだり、選択を促すことはいっさいしない。その件については、つねにあなたがたに任せるだろう。

それが真の「敬虔《けいけん》」だよ。それが最も真実である「神性」の経験だよ。そして、それこそがあなたがたにしてもらいたいと思っている経験なのだ。

わかりました。それではそういうことにして先に進みましょうか。ここでは、経時的な現実の文脈のなかで話していていいですか？　この生でわたしが経験している現実です。

それでいいし、そうしているよ。

よかった。その枠組みのなかで、わたしはいま、高度に進化した存在は地球人が「ほんとうの自分とは何者か」に目覚める手伝いをすることを選んだ、と理解しています。それから、わたしたちには文明と地球にダメージを与えて、「わたしたちが知っているような生命」が解体して消えてしまう前に目覚める選択肢がある、と理解しています。

思うんですが、わたしたちがいま目覚めなかったら、わたしたちの宇宙的な発達の早い段階で目覚めなかったら、いずれは物質の領域の多くのもっと古い種と基本的に同じようにこの生を生きることになる。つまり、もっと進歩してももっと暴力的になってしまうのではないでしょうか。

いまの言葉は、現在の地球がどこへ向かっているかを表しているね。

そうなんです。わたしたちはどんどん進歩しているのに、どんどん暴力的になっています。これは悲しいことですよ。技術を進歩させ、大量破壊兵器をさらに進歩させているわたしたちは、あまりにも暴力的になって、完全に自滅してしまう可能性があるんです。

いや、完全にではない。あなたがた人類の**「超意識的意志」**は、そうさせないだろう。どんな種もかつて全面的に、まったく完全に自滅したことはない。あなたがたは、少数の人間たちとともに宇宙のべつの居住可能な場所に移住する方法だって見つけるかもしれない。ともかく、種が完全に自滅することは決してないのだよ。

しかし、あなたがたはそれにきわめて近いところへきている。人間の文明はすでに、そこに非常に近づいている。

それはレムリアのことですか？　それから、アトランティス？

そうだ。

すると、わたしたちがこれからどうなるかは明らかですね。種として完全に消えてしまうことはないかもしれませんが、自分たちが選択すれば大きなダメージを与える可能性がある。

そのとおりだ。現在、それは大半の人間たちの選択ではない。だが多くの知覚ある存在は、自分の選択とは何の関係もないことをしている。マッチで遊ぶ子どもの話を覚えているかな？

はい。

マッチでいたずらして家を焼いてしまう幼い子どもたちは、それを選択したわけではない。それは彼らの行為の結果になる可能性はあるが、しかし選択したことではない。そして、家が焼け落ちた唯一の原因は、消防隊が間に合うように到着しなかったからだ。

あなたがたの場合――あなたがたの文明の場合――消防隊は到着している。

それが、「三つめの招待」だ。あなたがたは消防隊だ。あなたや人類を目覚めさせる助けをしようと決意する地上のひとたちのことだよ。

そういうことなら、この対話でもっと個人的なことを取り上げていただきたいとお願いしなくてはなりません。

この対話のやりとりの魅惑的な側面に焦点を絞り過ぎないように気をつけたほうがいい、とおっしゃったのを覚えていらっしゃいますか？　そうなると、個人的なレベルでいまの状態から脱皮し、自分のさらなる目覚めを支援するための重要なことがなおざりになる、と。

覚えているよ。

それから、あなたは事実上、充分な統合というテーマに言及されました。まさにそのことを、いまお話ししなくてはならない気がします。

それに、同じように決意したほかのひとたちも、同じ疑問を――というか、そういうのが失礼でなければ、課題を抱えていると思うんですよ。

先を進めてごらん。わたしは聞いているよ。

30

わたしは、それに彼らは、どうすればすべてを統合できるのでしょう?

ここで、目覚めた種になったら人間はどんなふうに生きることができるかについて、とても偉大な洞察をいくつか与えられました。でもいまの疑問は、どうすればそれを日常生活に活かせるか、ということなんです。

わたしが消防士なら、地球上に何らかの変化を生み出すことを考える前に、自分の行動を変える必要がありますよね。その点でガンジーは正しかった。自分自身が自分が見たい変化になる必要があります。けれども、わたしはそれを満足のいくように実行できていません。情報は情報、でもそれを人生に取り入れて統合するのは別問題なんです。

いちばん悲しいのは、あなたとの対話の結果、知って理解したことのすべてを、充分に人生に統合できていないことです。それを一貫した人生の一部にできていない。つまり、毎日考えるだけでなく、毎日のひとととの交流に活かすことができていないんです。

そこで、わたしがしたくないと思うことはこうです。実際に生きてやって見せることができないようなメッセージを、ほかのひとたちと分かち合いたくない。絵に描いた餅、非実際的で役に立たず、達成不可能な進化の目標には、わたしは興味がないんです。


それらの目標は達成可能だ。約束するよ。当たり前のふつうの人間たちが、ここで語られているような生き方をしてきている。

そうかもしれません。そう聞いて、とても嬉しいです。でも、わたしの経験からすると、これはとても大きなチャレンジなんですよ。

たとえば、わたしは愛である、わたしたちはすべて愛である、というあなたの言葉を聞きました。わたしたちは愛でできているし、それが「ほんとうのわたしたち」だと。おわかりくださるでしょうか。わたしは自分が愛情深い人間だと思っています。愛情深い人間でありたいと思っています。愛情深い人間であろうと努力しています。それでもとても頻繁に、あまり愛情深いとは言えないことを言ったりしたりしてしまうし、要するに平凡であまり愛情深い人間ではないことが多いんです。

それから、わたしは地球を愛していないというか、自分自身を愛していないし、何より悲しいのは、他者に対してあまり愛情深い行為をしていないことです。

そこから抜け出したいんです。先へ行きたい。克服したい。地上での七十年目ももう三分の一過ぎましたが、でももっと前へ進みたいとほんとうに願っています。ああ、いったいそれには、どれくらいかかるんでしょうね？

あなたは自分にとても厳しいね。あなたを知る多くのひとたちは、あなたがとても愛情深いと言うだろう。それに、この対話に引き寄せられてきたひとたちや、あるいは自分が「たまたま」この対話をフォローしていることに気づいたひとたちもね。

それは、地上のあらゆるひとにとっての真実だ。あなたもあなたがたすべても、わたしのすばらしい子どもたちで、日々成長し、もっともっと**「真の神性である自己」**になりつつある。

最初の対話で言ったとおりだよ……

あなたがたは善であり、慈悲であり、共感であり、理解だ。あなたがたは平和であり、喜びであり、光だ。あなたがたは赦しであり、忍耐であり、力であり、勇気であり、困ったときの助けであり、悲しいときの慰めであり、傷ついたときの癒しであり、混乱したときの導き手だ。あなたがたは最も深い知恵であり、最も高い真実だ。最も偉大な平和であり、最も偉大な愛だ。あなたがたは、そうなのだよ。そして、人生の節目節目に自分がそうであることを知ってきただろう。だから、これからはつねに自分がそうだと知っていることを選択しなさい。

やってみます。本気でやってみますよ。わたしたちみんな、そう思っています。でも、方法が見つかっていない気がするんです。日常生活のあれこれにぶつかったとき、一貫してそうありたい自分、自分が知っている自分でいるやり方が見つかっていないみたいなんです。助けていただけますか？わたしはじたばたもがいている気がします。

まず、この対話そのものを長く継続的に役立てることから始めると、いいのではないかな。あなたが記した対話の記録をたびたび読み返すこと。目覚めた種のふるまいに関する十六の方法に関心を向けること。個人的な生活では、一、二、三、四、八、十二、十四、十五、そして十六にとくに注目すること。

ありがとうございます。やってみます。そのとおり、やってみますよ。でも、ほかに何か教えていただけそうなアイデアはありませんか？

あるよ。まず人生全体を総体のなかの短い期間に区切るのではなく、プロセスとして見ること。だから来年あるいは来月、来週、明日、理解したすべての統合を完成させようとしないことだ。プロセスには時間をかけなさい。

それは、短気な人間にはあまりわくわくする動機づけになるとは思えませんねえ。

短気のせいで、自分がどれだけ進んでいるか、またどれだけ早く進んできたかがわからず、それを明日へのインスピレーションにできないのであれば、短気はあまり有益ではないね。

言い換えると、自分自身に親切であれ、ってことですね。

言い換えると、あなた自身に親切であれ、ということだ。人生で以前にはどんなところにいたか、数年前はどこにいたか、そして、いまはどこにいるかに着目すること。あなたがたの進歩は指数関数的なのだよ。1-2-3-4と進むのではなく、2-4-8-16-32という具合に進んでいく。

それは、この対話を読み進めているひとたちすべてにあてはまる真実だ。それどころか、それが彼らの行為の理由であり、方法なのだ。彼らは「たまたま」この対話をたどっているのではない。その経験に自らを連れてきたのだ。いま、あなたがたすべてが**「前進するのに絶好のとき」**に足を踏み入れている。

前進するにしたがって、ことはますます容易になるだろう。山登りのいちばん大きな部分、最大の難所はもう過ぎたのだ。

ありがとうございます。そう言ってくださって、ありがとうございます。でも、何か現実的なツールを、わたしが真実だと知っているすべてをもっと完全に統合するのに活用できる方法やアプローチを、教えていただけますか？　ここでは一貫していなくてはいけないと思うんです。ただ気の利いたことを言うだけではいやなんだ。言うことと行為を一致させたいんですよ。

で、それができていると思えないのかな？

ときどきはそうですね、たぶん。ときには、ほんとうに良い場にいると感じます。でも、それを毎日にしたいんです。ぜひ、いつもそうありたいと思うんです。

あなたはいつも**そうしている**よ、わからないかい？　あなたの苦闘はプロセスの一部だ。つねなる行為の一部だ。あなたがつねに言行一致していなかったら、ここで語られてきたどんなことにも、十秒も関心を払わないだろう。

たったいま、全世界が進化の途上にあり、あなたもそれと無縁ではない。あなたはその一部だ。実際、あなたはそれを創造しているものの一部なのだよ。いまここでかかわっているあなたがたすべては、その一部であることを自ら選んだのだ。

だから、自分自身に対して、それからプロセスに対して、忍耐強くなりなさい。あなたがたすべては行きたいと思っているところへ向かっていて、すべてがそこに到達しようとしており、あなたがた——それぞれ——が、ともにいるひとたちを優しく穏やかに導いている。そのひとたちはあなたがたの変化を見て、自分も変化しようという気を起こすからね。

あなたがたが突然に**「目覚めた者」の完璧な事例**として現れたなら、ひとは**あなたがた**を称賛するかもしれないが、そこに**自分自身**を見ることは決してないだろう。だから、あなたがたが苦闘しているのはそのひとたちのためなのだ。わかるかな？　あなたがたがそうしていることが彼らの役に立つ、ということがわかるかね？

だから、苦闘が終わってほしいと願わないこと。苦闘がもっと明らかになり、もっと目に見えるようになり、そして成功裏に克服されることを願いなさい。それによってあなたがたすべてが、そんなプロセスは可能なのだろうかと疑問に思っている人類を目覚めさせられること——自分のなかにそのプロセスを見ること——を願いなさい。

あなたはあらゆるひとに気分良く感じさせる方法をご存じだ。

わたしにそれができなかったら、誰にできるのだろうね？

なるほど、しゃれた言い方ですね。あなたはほんとうにしゃれたことをおっしゃいますよね？

そう、よくそう言われるよ。

けれど、ほんとうのところ、ここで何かツールを教えていただけませんか？　少なくともわたしたちが個人的な進化のプロセスを先へ進め続けるのに役立つ方法を。

あなたは、山の頂上に達する「正しい道」などないことを知っているね。

はい。知っています。あなたは、何度もそうおっしゃいました。けれど、あなたは何らかの選択肢を、わたしたちが検討できる何かを示してくださるはずですよね。

そこまで言うなら、ツールは五つほどあるよ。まず……

プロセスを分かち合いなさい。

この対話の最初のほうで話したように、またほんの少し前にも繰り返したように、人生で縁のあるひとたちに、充分な目覚めへの途上のあなたの苦闘と進歩の両方をオープンに誠実に分かち合いなさい。その選択は力と自由を与えてくれるし、驚くほど、自分のものである「神性」を表現しようとする「内なる意志」の枷を外して、ほかのひとたちにも同じようにしようという願望と能力を喚起することになる。

理由を創造しなさい。

あなたが選んだ道の挑戦課題は、ただ克服して勝利を得たいというよりももっと大きな意義を見出さない限り、何日も取り組む価値があるとは思えないかもしれない。だから、「なぜなのか？」と問いかけなければならない。そうすれば、答えは与えられるはずだ。

あなたに言っておこう。あなたの道には、天における目的がないわけではないのだよ。成長し、気づきのなかでいつも理解していたことを経験として知ろうとするあらゆる魂にとっての課題として役立つだけでなく、**「集団的、超意識的意志」**にも役立ち、個々の進歩が達成されるだけでなく、種としての進化を進めることになる。個々の進歩の結果として梯子《はしご》や踏み石が残され、後に続くひとたちの前進がさらに容易になるからね。

感謝を表明しなさい。

これはあなたがたに与えられるなかでいちばん力強いツールだ。感謝はただの自動的な対応ではなく、選ばれたエネルギーになる可能性がある。人生で出会うすべてに（わたしが言うのは文字通り**すべて**だよ）積極的に感謝することを選ぶと、そのときに生じているエネルギーに打ち寄せて影響を与えるタイプのエネルギーが生まれる。それがその事態に魔術的な変化を起こす可能性がある（とりわけ驚くべき、あるいは魔法のようなやり方で変容させる、という意味だ）――もちろん、人生そのものも。

あり方の状態を選びなさい。

何かを考えたり、言ったり、したりする前に、あり方を選びなさい。人生はあなたがこれからしようとすることとはあまり関係がなく、そのときにあなたがどんな状態であるかということと大きな関係がある。ここでの驚異は、純粋な意図を通じて「あり方」が反応から創造へと変容することだ。それはもう経験から生じる何かではなく、あなたが経験に投入する何かになる。

そして、統合のための最後のツール……

魂とともにありなさい。

あなたがたはたいていの場合、人生で起こることに——それが病気であれ、失望であれ、幸せな驚きであれ、何であれ——精神の論理的な中心から対応している。そのときの経験について精神がもっているデータを分析し、そこから反応が生まれる。

あなたは魂のなかの知恵の中心から対応する能力を養うことが可能なのだよ。そこでは、そのときの経験についてのデータに無限の広がりがあり、精神には思いもつかないような配慮と理解が含まれている。

魂とは、あなたが知っているすべてが**すでに**統合され、ただ外部的な表現を待っている場所だ。だから何かにぶつかったとき——あなたが「良いニュース」と呼ぶものでも、「悪いニュース」と呼ぶものでも——その瞬間に、正気の沙汰ではない行動をさせろ、と精神に指令を出すこと。それから「考えなしに」対応が生じて、魂の知恵と気づきが自然に明示されることに着目しなさい。

31

すばらしいですね。ほんとうにすばらしい。これで、よくわかりました！　山登りを成功させる道具が与えられましたね！　すごいなあ。ところで、おわかりいただけるでしょうか？　わたしは最後のツールについて、自分なりの方法を思いついたんです。

ほんとうかな？　自分ひとりで？

ええと、ひとりで思いついたような気がします。

そう、そう思うだろうね。では、どうぞ。

ううん……ということは、つまり――

いやいや、先へ進みなさい。「自分ひとりで」思いついたことを話してごらん。

わたしは自分がすでに真実だと知っていることを日常生活で経験する方法を、直感的に理解していたような気がするんです。それで、数年前に「魔法の問いかけ」と呼ぶものを思いつきました。このツールを使って、自分が直前にしたこと、いましていること、これからしようとしていることを瞬間的に評価するんです……繰り返しになりますが……深い願望と合致しているかどうかをね。
映画を見る前や何かしら社会的な状況に参加するとき、あるいは食事の支度をしたり、愛する誰かと話し合う前、とにかく、何でも、いまここで重要だと判断したことをする前に、急いで自分自身に問いかけてみます。それは「魂の課題」とどう関係するのかな、と。

それは立派な問いかけだ。それは、誰にとっても力強い内なる探究への道を開くね。

そうですね。わたしの場合、答えはいつも、ほとんど瞬時に明らかになります。だって魂の課題とは、内なる「神性」を自分を通して、自分として表現し、経験することだと知っていますから。それで、瞬時に目の前の出来事を創造し経験する文脈が設定されます——あるいはそれを自分の行為リストから完全に消すという選択が見えるんです。
これを「魔法の問いかけ」と呼ぶのは、まるで魔法のように働いて、自分が発見したほかの方法ではあり得ないほどに、たったいま起こっていることにぴしっと注意が定まるからなんですよ。

発見したというか、与えられたというか、ね。

与えられたというか、ですね。
そういうことにしておきます。それは、そういうことにしておきますよ。

いい考えだ。また、べつの良い考えを思いついたな。

あなたはまた、気の利いた言い方をなさいますね。今回もです！　いや、気に入りましたよ！　あなたのそんなところが大好きです。そこで、わたしがたったいま与えられた良い考えとは何かを、うかがわせてください……

何かを考える前に、自分がいまからどういうあり方をするかを決めるなんて、どうすればできるんですか？　つまり、あなたがツールとしておっしゃった五つのうちの、四つめのことです……何かを考えるときに、自分がどう「ある」かを含め、事前に「あり方の状態」を選べ、と言われましたね……でも、それって無理ではありませんか？　何かを言おうとしているときには、これからどういうあり方をするかを決めることができます……それはわかるんです。それから、何かをしようとする前に、どういうあり方をするかを決めることもできます……それもわかります。でも、これから何を考えるかなんて、考えるまでわかりませんよ。

わたしの話は理屈が通っていますか？

あなたの思考が多くの場合、独創的であると想像するなら、理屈は通っているね。だが、実のところ、あなたの思考の大半は以前にも考えたものだ。なぜなら、人生の出来事のほとんどは、類型的に見れば前に起こったことだからね。

あるタイプの出来事が起こるとき、たいていの場合、あなたがたはすぐに、そのような出来事について以前考えたことを考える。独創的なことを考えるひとはごく少ない。なぜなら、あなたがたの経験で独創的なものはごくわずかだから。あなたがたの人生は、ほとんどの場合「繰り返し」なのだよ。

それが真実だと知っているから、あなたがたは、ほんとうに重大な、そしてある程度は予想がつく何かが次に起こるときに何を考えるかを、**事前に**決めることができる。

〈マスター〉とは、これから思考のなかで自分がどうあるかを知って選ぶ者のことだ――人生で次にそのような出来事が起こるとき、冷静であるか、理解ある者か、愛と受容力のある者か、適応力があって穏やかでいるか？

わかりました。あるレベルでは、わたしもいつもそれを理解していた気がします。だからわたしのほうでも「魔法の問いかけ」のほかにもうひとつ、ツールを思いついたんじゃないかな。なかなか、いいツールですよ。ところでわたしは「自分ひとりで」思いついたことがあるんでしょうか？

いや。

そうですか。さて、わたしを通して現れたもうひとつのツールとは、こういうものです。わたしはそれを、「四つの人生の基本的疑問」と呼んでいます。

① わたしは何者か？
② わたしはどこにいるのか？

③ わたしはなぜ、ここにいるのか？
④ それについて、わたしはどうしようとしているのか？

この問いかけをして、そのたびに新しく答えていると、ほとんど瞬時に、あるあり方の場所に移行できるんです……こういう使い古されて陳腐になった言い方はしたくないんですが、でも言いますよ……「中心が定まった（centered）」あり方の場です。自己の中心にいて、人生の小さなドラマやささいなジレンマにそれほど右往左往しなくてすむ、と感じるんです。

あなたは「この世界にいるが、しかし、それに捉われてはいない」。

そのとおりです。

「魔法の問いかけ」と「四つの人生の基本的疑問」その二つはとても良いツールだよ。あなたがどのように自分の時間を使うかを――それから、そのとき、どうあるかを――見つめるうえでほんとうに役に立つだろう。

それに、ツールはもっとあるんですよ！　ここにいるわたしたちはみんな、そういう考え方のひとつか二つを活用すれば、先へ進むことができます。

確かに、そのとおり。それから、もちろんあなたがたはもう道を進んでいるよ。だが、そういう言い方をするのも理解できる。

思い出してほしいのだが、あなたがたはすべて、すでに目覚めている。ただ、それらしく行動し始める必要があるだけだ。それらのツールは役に立つね。

この対話全体が役に立ちます。あなたとの対話でわたしたちが思い出したことは、ものすごく役に立ちますよ。このすばらしい対話のなかにある考え方を知って受け入れることには、とても大きなパワーがある可能性がありますね。たとえば……「あなたは、身体ではない」……「あなたがたの基本的な本能は生存ではなく、『神性』の表現だ」……「あなた自身を見るように他者を見なさい」……「生命は永遠で、あなたがたは決して生命を失うことはないゆえに、あらゆる状況で優しく、思いやりがあって、親切でも、失うものは何もない」……ほかにもたくさん、あります。

そこで考えるのですが……というか、結論なんですが……この人生で与えられたツールを活用しさえすれば、もっともっと自分がすでに目覚めているように行動する可能性を発見できれば……この身体に宿っているあいだでも自由だと感じることができるんじゃないでしょうか。あなたは前に、そのことについて探究しようと言ってくださいました。どうでしょう、わたしの結論は正しいですか？

正しいよ。自由とは、望むものを得ることではなく、得ているものを望むことだ。

それも、前にお聞きしました。

あなたはほとんどすべてを前にも聞いているよ。ただ、すでに知っていることを人生に適用しさえすれば、あなたは喜びと自由を感じるだろう。そして……またひとつ、繰り返すなら……人生に適用するいちばんの早道は、他者がそれを人生に適用する助けをすることだ。

その循環、わかります。循環的なプロセス全体がわかってきました。そして、ここで思いを聞いてもらい、助けてもらえたと感じます。ありがとうございます。ほんとうに聞いてもらい、助けていただきました……そして、わたしたちがもっと先へ進もうという気になるのに必要なのは、それがすべてだと思います。

そこで、なんですが……最後にひとつ。これは、ぜひともお尋ねしなくてはならないことなんです。なぜなら……こう言うのは何なんですが……ここまでの対話の後で、どうしても気になってしかたがないことなんですよ。

何かな？

天については、どうでしょう？　あなたの住まいに帰るということは？

この対話では、「死」とはある（物質的な）状態から、べつの（形而上的な）状態へ移行するプロセスに過ぎない、ということになったようです。それは、あるレベルでは役に立つし、魅惑的でさえあります——でも、「神へ帰った」ら、何が起こるのでしょうか？

32

『神へ帰る』という本が出版されて以来、わたしはあなたに抱き取ってもらえること、あなたに抱かれて、あなたの心に受け入れてもらえることを切望してきました。わたしが「死」と呼ぶことが起こったときには、「わが家」へ帰る、あなたとともにある、そして愛したすべてのひとととともにあるのだ、と期待してきたのです。それなのに今度は、「死」とはただ生命が――終わりなく――続くことで、永遠を通じて、存在のひとつのかたちからべつのかたちへと行ったり来たりしている、とおっしゃるのですか?

それが、どれほどぞっとしないことに見えるか、よくわかるよ――だが、個体が身体に宿り、そして身体から離れるという話のなかには、物語の「中間の章」が含まれていない。

なるほど……それ、話してくださるべきだとは思われませんでしたか?

そうだね。そして、それを取り上げずに、あなたをここから立ち去らせようとは思っていなかったよ。だが、あなたがどれほど気短であるかを知っているし、わたしたちは高度に進化した存在と人間との違いについて、とくに意のままに物質のかたちを取り、また物質から離れることに関連して形而上学的に深く突っ込んで語りあったし、あなたはそれについて徹底的に知りたがったから、その話をしてきたのだ。
だが、それもすべて説明したから、あなたが「死」と呼ぶ瞬間に何が起こるのか、ということに戻れるね。あなたが質問しなかったら、わたしのほうから、その話題に触れただろうな。

あなたは、わたしにとって非常にためになると考えることをお話しになる前に、わたしが質問するのを待っていらしたのですか!? それは興味深いなあ。わたしが、正しい質問をしなかったら、どうなさったんですか!?

そうだね。じつはあなたが質問するように、わたしがインスピレーションを与えている。最初から、そうしているのだよ。そしてあなたは、インスピレーションにしっかりと耳を傾け、それに基づいて行動している。だから、あなたがその質問をしない可能性はきわめて少なかったね。

そうか。インスピレーションを与えてくださって、よかったですよ。だって、この対話を読んでくださっているひとたちのなかには、『神へ帰る』を読んでいないひともいるかもしれません。それに、読んだひとでも——ちょうど、いまのわたしのように——すばらしく温かなあなたとの「出会い」、つまりわが家へ帰る経験は、いままでのお話のいったいどこにはまるのだろう、と不思議に思っているかもしれません。
それに、もちろん「死」の後に何が起こるのかというあなたのすばらしい説明が、ゆうに一冊の本になることもわかっています。だから、そのすべてをここで繰り返すわけにはいきません。ですから、この本の補遺というかたちで、対話シリーズのすべてをリストアップし、それぞれのテーマを書き添えておこうと思っています。

それはいい考えだね。その考えがどこから来たのか……

わかりました。わかりましたよ！　この対話全体がどんなふうに起こっているのか、もう、わかっています。ですから、どうか、あなたのいらっしゃるわが家へ帰るという経験が、ここであなたが新しく示してくださったこととどうつながるのかを、要約して説明してくださいませんか。

あなたはここで、人間もまたべつの次元の高度に進化した存在とまったく同じように、物質から形而上学的表現へと意のままに移行する――ただわたしたちはそれを「誕生」そして「死」と呼ぶ――とおっしゃいました。しかし、わたしたちはそれぞれの「過渡期」に一生（lifetime）というレッテルを貼って考えているし、「意のままに」物質的なかたちから離れるという経験はしていません。そうではなくて、「意に反して」起こる経験をしているんです。

知っている。だからこそ、それが『神へ帰る』という対話の焦点になったのだよ。それについて、またこの対話の前のほうで話したことを繰り返そう。自分が選んだのでないときに、選んだのではないやり方で死ぬ者は、誰もいない。これもまた、受け入れにくい考え方であることはわかっているが、あなたがたが何者で何であるかに照らせば、あなたがたが選んだのではないとき、あるいは選んだのではないやり方で死ぬのは不可能なのだ。

『神との対話』シリーズを通じて啓示された全内容は、わたしたちすべてが「神性の個別化」である、ということに尽きますね。言い換えれば、人間として現れた神である、ということです。

そして、あなたも知っているとおり、「人間」として、だけではない。宇宙の知覚ある存在のすべては「存在する唯一」の現れなのだ。

言い換えれば、神です。

そう、言い換えれば、神だ。

それでも、あなたの言葉によれば、そのなかには暴力的なものもいるんですね。

そう。なぜなら、すべての知覚ある存在は「自由意志」を与えられており、すべてがそれを平和的に行使するとは限らないから。いっぽう、物質の領域のほかの星にいるすべての知覚ある存在が暴力的なわけでもない。そうでない文明もある。

あなたがた自身の最大の傾向が、人生で平和と優しさと愛を創造すること、周囲のひとたちの人生にそれを与えることなら、そうしたほかの知覚ある存在たちは遠くから共鳴するのだよ。

そんな遠くから、わたしのエネルギーを感じられるのですか？

間違いなくね。あなたという存在の核心から発せられるエネルギーは、宇宙空間に達し、無限に広がっていく。科学者たちはいま、宇宙空間の星と星のあいだの信号を受信できる機器を開発している。物質の次元の進んだ文明のメンバーたちは、自らそのような「受信局」になっている。そして、あなたがたが平和と呼ぶ特定のエネルギーの源を感知したときには、自分自身をどう経験するかを通じて、それと共鳴する。それらの文明は次に、それを拡大し、反射して、あなたがたがひとりではないこと、あなたがたの経験は支援されていることを知らせてくる。

わたしのとても親しいひとたちの一部は、そのような文明が存在すると確信していて、彼らを「スター・ファミリー」と呼んでいますよ。

それは、とても適切な表現だね。そのファミリーのメンバーは、**べつの次元の高度に進化した存在**もあなたがたに支援を提供していると知ったら、とても幸せに感じるだろうね。しかも、HEBたちは時間と空間という偽りの限界を克服できているから、あなたがたの星とほかの物質の領域にいる者たちとのギャップを解消する直接的な方法をとることが多いと知ったら、ね。

さて――先ほどのテーマに戻って――物質の領域にいるあなたがたが身体から離れるとき、あなたがたは単純に、自分を規定しなおす（re-identity）。前に、死とは単に自分を規定しなおす（re-indentification）プロセスだ、と言ったね。

言い換えれば、地上での人生のあいだは、じつは「間違ったアイデンティティ」を生きている、ということですね。

まさにそのとおり。そして、「死」と呼ぶものの後に、あなたがたは**「ほんとうの自分」**を生きて、「わが家」と呼ぶところへ戻る――まず、愛したすべてのひとたちと再会し、それから**「すべてであるもの」**と一体になる。

これは、あなたがたが**「文字通り」**一体になるという意味だよ。あなたがたはわたしのなかに溶け込み、わたしたちの「単一性」と「唯一性」を**経験する**――知識や気づきだけではなく、経験する。それがどのように起こるかは、『神へ帰る』のもとになった対話ではっきり説明したね。

はい。そして、いま話してくださったことは、とても役に立ちます。

よろしい。それでは、あなたがたは思い出す**だろう。**わたしとの**「合体の瞬間」**の後、**「ひとつであること」**の充分な経験の後に、あなたがたはわたしと**「分離」**する。というか、そのほうがよければ、**「出現する」**と言ってもいい。非常に実質的な意味で個々の魂として**「再生」****する。**

でも、どうしてあなたから離れるのですか？　それがいつも切望してきたことなら、どうして完璧な神との合体から離れるんでしょう？　どうか、そこをもう一度、説明してください。

あなたがたの魂が切望しているのは、あなたがたの「神性」の**表現**だ。それを再び十全に知ったら、それを思い出したら――つまり、再び「神の本体（Body of God)」の一部である自己を経験したら――また、それを表現したいという自然な願望に突き動かされずにはいられないだろう。

それが、神の基本的な願望だ。**自分自身**を表示すること。ただ、**自分自身**に気づくだけでなく、**自分自身**を表現すること。

わたしはそれを、自分自身を個別化することで行っている。そのようにして、自分のあらゆる部分を表示し、表現している。

そこであなたがたというわたしの一部は、いま離れてきた物質的な生に戻るか（あなたがたは「臨死体験」と呼ぶだろうね)、それとも**「霊的な領域」**に進んで、べつのときに**物質の領域**に戻るかという選択肢を与えられる。

このすべてはもちろん、あなたがたが経時性という幻想のなかから見るなら、一瞬のうちに起こる。**究極の現実**のなかでは、すべては同時に起こっているのだがね。

そして、わたしたちが話してきたべつのかたちの生命は、「べつの次元」に行くことを選ぶんですか？

そう。それは、**「天の王国」**の第三の領域――あなたがたの考えのなかでは、**「純粋な存在の領域」**だ。

わたしたち人間には、あなたとの「一体化」から離れるとき、「純粋な存在の領域」に行くという選択肢はないんですか?

あるよ。あるとも。あなたがたは**「霊的な領域」**でも、**「物質の領域」**でも、あるいは**「純粋な存在の領域」**でも、永遠の生命を経験することができる。

それでは、どうしてわたしは「べつの次元」に存在することを選ばないんでしょうか? どうして、「純粋な存在の領域」を選ばないんでしょう? あなたのすばらしい説明を聞いていると、どうしてわたしが「ここ」に戻ることを選ぶんだろうと不思議なんですが?

なぜならあなたは**「魂の旅」**のその部分を完成させることを望むからだ。それは**あなたがた**の次元、**「物質の次元」**でしか、できないのだよ。

だからこそ、あなたはここに、いままさにいる場所にいることを祝福だと思うだろうね。

それにもちろん、それは祝福なのだよ。そして、あなたがここにいることでほかのひとたちを祝福することを選ぶなら、ますます大きな祝福になるだろう。

地上での次の期間に、あなたがたの一部は、そのとおりのことをしようと意図して選択するだろう。それはすべて、人類を目覚めさせることの一部だ。それはすべて、**「三つめの招待」**の一環なのだよ。

33

以前の対話でとても細かく説明していただいた死後の経験を、いま要約してくださったおかげで、目覚めのプロセスの鍵となる要素は——決定的に重要な要素という意味です——生命に終わりはない……いつまでも、いつまでも、いつまでも……という理解だということがますますはっきりしたように思います。そこを理解し、そして生きるとき、すべてが変化しますからね。

『神との対話』は驚くべき本で、生命への理解をまるごと変えてしまうし、終末期を迎えているひとやその家族にとってはすばらしい慰めとなるでしょうから、すべてのひとに読んでいただきたいと願っています。

ところで、生命は決して終わらないという言葉が繰り返されていますが、そのほんとうの重要性がきちんと強調されているかどうか、心もとない気がします。これは、ちょっとした興味深い形而上学的事実という以上のものです。決定的で基本的な理解なんですよ。

そう。あなたのまわりに見えるすべては、異なる方法で表現されているエネルギー以上のものではない。エネルギーは創造することも破壊することもできない。それはつねに存在したし、いま存在するし、これからも存在するだろう。

あなたがたが「生命」そして「死」と呼ぶものは、あなたがたとして現れている「基本的なエッセンス」がかたちを変えることに過ぎない。

さて、生命の動き――あなたがたがその活動と進展と呼ぶもの――は、単純にエネルギーの交換のプロセスだ。あなたがたが住む次元、つまり物質の領域とべつの次元との違いは、あなたがたの次元ではエネルギーの交換がときに暴力的なプロセスとなるが、べつの次元では決してそれはない、ということだ。決してね。

そこで、もう一度、いま、わたしたちを助けてくれるということになっている、いままで何度もお話しになった「べつの次元」そして「高度に進化した存在」に戻りますね。

そういうことになっている、のではない。実際にそうなのだ。

わかりました。実際にそうなんですね。それで、それはどんなふうに起こっているのでしょう？　そういう存在がほんとうにいると想定して――

――想定ではなく、事実だ。

そういうHEBがいるのなら、彼らはどこから来たのでしょう？　ずっとおっしゃってきた「べつの次元」とは何なんですか？

あなたがたがまったく異なる次元と考えるところに、まったく異なる生き方をしている、まったく異なる存在のコミュニティがある。

それではははっきりさせてください。あなたは、代替現実（alternate reality）のことを——あるいは、いわゆる「並行宇宙」のことを言っていらっしゃるのですか？

そう、あなたがたの世界の一部では、そういう言葉を使っているね。

その並行宇宙は、わたしたちの宇宙の単なる反転、「鏡像」なんですか？

違う。**「並行」**というのは「そっくり」という意味ではなく、「並んでいる」という意味だ。あなたがたが並行宇宙と呼んでいるものは、あなたがたのなじみの宇宙と並んで存在するが、まったく似ていないし、同じに近いとすら言えない。だからここではべつの次元と言っている。

形而上的次元、ですね。

以前、探究したように、個体が自らを形而上的に、あるいは物質的に表現している次元だ。彼らの

——

——知っています。知っていますよ……彼らの目的にふさわしいかどうかによって、ですね。

それは、前に話してくださったように、「物質の領域のすべての知覚ある存在が、ほんとうの自分を理解し、表現し、十全に経験できるよう支援すること」なんですよね。

それでは、教えてください。なぜ、HEBは地球へ来ることを選ぶんでしょう？　地球の種はとても若くて、どうやら数千年たっても、ここで教えていただいたすばらしい生を生み出す基本的な方式を学ぶこともできず、受け入れる気もなさそうなのに。

どうして、どこかほかで種を目覚めさせようとしないんでしょうね？　どうして、住人がはるかに進んでいて、ほんの数歩で充分な目覚めを受け入れ、理解できるような星へ行かないんでしょうか？

一部は行っているよ。あなたがたの星だけが、**べつの次元の高度に進化した存在**が訪れている場所ではない。

なるほど、そうですか。少なくとも、それなら宇宙の最も若い種のひとつを相手に、何度も失敗を繰り返さずにすむわけだ。

高度に進化した存在の経験には、「失敗」などはない。何かをしようと取り組むこと、そしてそのなかでの行為や活動は、HEBが望む達成感や成果のすべてを提供してくれる。

それは、その意識レベルにある存在が願う自己の最善にして最高の表現だ。その表現の経験が有効で、正当で、称えられるものであるために、その結果が特定のかたちを取る必要はない。

すごい見方ですね。なんて、健康的な、健やかな視点なんだろう。

あなたは、ただただ楽しいから何かをした、ということはないのかな？　「楽しむ」ためには、やることすべてが特定の結果にならなくてはいけないのかね？

いやいや、もちろんそんなことはありません。けれども、種全体を目覚めさせるという重要なことについては、単純で楽しい時間つぶしとは範疇が違うんじゃないかなと思うんです。つまり、わたしなら結果にある程度の意味を見出すだろうなあ。

ところで、いまのお話は、わたしにとってはただの思いつきではないんですよ。あなたはわたしたちに、三つめの招待をしてくださった。わたしはそれを決して軽く受け止めて受け入れたのではありません。だから、少なくとも最小限の成功はしたいんです。

あなたが結果志向になると、始める前からとても厳しいことになるだろうね。

あなたは自分の動きのすべてを観察し、言葉のすべてを評価し、経験したいと願うことをどうすれば達成できるかと心配し、最初の取り組みが思うような結果にならないと神経質に代替案を用意して、自分自身を変えるプロジェクトに突っ込んでいくはめになるだろう。あなたが発するとても楽しいとはいえないエネルギーの形而上的影響には、まったく気づかずに。

驚いたな。そういう考え方はしたことがありませんでした。

わかっている。そこが肝心だ。あなたの考え方を変える助けをするために、ここで取り上げたのだよ。あなたの十全な目覚めの「成功」と呼ぶものの定義を変えたらどうか、という提案だ。

なるほど、そうか。続けてください。

十全な目覚めの成功とは、あなたがすでに目覚めているのに、ただそれを知らない、あるいは受け入れていないことを知ることだ。

そこで、一巡して、この対話の最初の言葉に戻るのですね。

そう。なぜなら、これはあなたがたとの有意義な交流の始めであり締めくくりともなる最も重要なメッセージのひとつだから。

目覚めるとは、あなた自身を変えることではない。自分自身に**ついての**考え方を変えることだ。あなたは——ここで以前にも言ったように——まさにいまのままで十全であり、完全であり、完璧だと知ることだよ。

あなたの個人的な変容は、いまのあなたに**付け加える**ことであって、いまのあなたから**差し引く**ことではない。

人生のどの分野の成功でも、旅の途上で生み出さなければならないと思ったものを生み出すことのなかにはなく、その途中にある愛と喜びと幸福、そして真の自己という感覚の経験のなかに――それから、あなたがきっかけで生じる他者の人生経験のなかに――見出される。それだけが、あなたが生み出すと「想定されている」と考えるものを生み出すことができるのだ。

あなたのおっしゃるのは、大事なのは目的地ではなく旅そのものだ、ということですね。昔から言われるように。新しいことではないですが。

このやりとりのすべてが、思い出させること以外のなにものでもない。大きなリマインダー（思い出すようすが）だよ。ここで話しているすべては、あなたが以前聞いたこと、知っていること、それどころか経験していることだ。わたしたちのすべての対話の目的は、いままでもずっと、同じだった。あなたを、自分がすでに知っている――ただ、受け入れていないだけ――ということを知っている人間に変容させることだ。

だから、わたしから聞いたすべて、どの対話であれ、そこに書かれているすべてが、もう知っていることのように感じられることが多いのだよ。

それには、べつの場所から来た高度に進化した存在の情報も含まれる。あなたは子どものころから、そのような存在が周囲にいることを知っているし、理解している。どれも、あなたにとって新しいことではない。

そのとおりです。それについては、ほんとうになじみがあって、楽なんです。それに彼らがわたしたちを傷つけるために来たのではないことも知っています。傷つけたいと思ったら、千年も前からたくさんの方法でできたはずです。

そのとおり。

そこで、彼らは目標志向ではない、とあなたはおっしゃる。彼らにとっての「成功」は特定の結果を生むことではない、と。

そう。あなたが言う意味での特定の結果ではない。高度に進化した存在は「表現志向」なのだ。彼らは「ほんとうの自分」を表現し、経験することだけを求めている。その方法のひとつが、すべての知覚ある存在に、それぞれの進化の過程を歩むなかでの愛と導き、助けと仲間を差し出し、提供することなのだ。

あなたがたも、地上で同じことをしているのだよ。

わたしたちが？

考えてごらん。地上であなたがたがしていることはすべて、ほんとうの自分を表現し、経験する手段として、お互いを助けることだ。あなたがたはお互いの問題解決を助け、お互いにもっと良い人生を創り出すことを助け、元気になることを助け、もっと気持ち良くなるように助け、もっと知ること

ができるように助け、喜びや笑いや楽しい時間を経験できるように助け、**何らかについて**お互いを助けている。

あなたがたはその地上の活動を「仕事」とか「職業」と呼ぶが、あなたがたがしているのはすべて、お互いを助けることだ。

どちらの場合も――HEBの活動も、人間の活動も――結果は同じだ。エネルギーの交換だよ。あるかたちのエネルギーが、べつのかたちに変わる。

わたしたちが人類の生の質を向上させたいなら、それがどんなふうに起こるのかについて、人類を目覚めさせなければならないんですね。

まさに、そのとおり。それから、**なぜ、**それが起こるか、だね。**なぜ、**エネルギーの交換が起こるかを理解すれば、どうすれば決して暴力を使わずにそれを引き起こせるかも理解できるだろう。そうなったら、あなたがたの社会は変わり、天のような世界が創られ始める。

どうして、それは起こるんでしょうか？　何がエネルギーの交換を起こすのですか？

愛だ。エネルギーをあるところまで積み重ね高めていくと、あなたがたの言葉で「愛」と呼ぶ感情がエネルギー粒子のひとつひとつを磁化して混じり合い、交換が生まれる。

わたしは前に、人類は決断ひとつで、「人類の冒険（Human Venture）」を宇宙で最も成功した楽しい生命の表現のひとつにすることができる、と言いました。

わたしたちは、「ほんとうのわたしたち」という現実を、開かれた精神で、本気で、すなおに探究しよう──そして、心を開いて、楽しく、留保なしに受け入れよう、と決意しなければならない、と言いました。

いま、わたしたちはその決意の充分な実行に向けて、シンプルな方式によって足を踏み出せることがわかりました。暴力をなくし、愛を思い出すことです。

そう、そしてその方式の鍵、効果的に実践する最も速くて力強い方法は、「分離」というあなたの思考の牢獄から、ついにあなた自身を解放することだ。あなたがたは何からも分離してはいない。お互いからも、どんなかたちの生命からも、そして神からも。

だから、要約するとこうなるね。

──分離という考えのすべてを解き放って、暴力をなくし、愛を思い出すこと。

ほんとうに、要するにそういうことですよね……

ほんとうに、要するにそういうことだ。

34

ご一緒する時間がそろそろ終わりに近づいていますね。この対話が結論に達しかけているのを感じます。けれども愛についてのお話ですが……この対話の前のほうで、あなたは、愛とはわたしである、と、わたしたちすべてである、とおっしゃいました。すべての人間がそうなのだ、と。そしていま、わたしたちがしなければならないのは「愛を思い出す」ことだと言われる。でも、すべての人間がすでに「愛である」なら……何を思い出すというのでしょう?

どのように愛するか。あなたがたは、どのように愛するかを思い出すように招かれている。愛こそ、あなたがたの真のアイデンティティであると思い出すことによってね。

けれど、わたしには理解できないんです。愛とはわたしたちすべてであるなら、なぜ、一部の人間たちはとても愛があるとはいえない行動をとるのでしょう。これについては前に、わたしが愛情ある人間だと思えないことがたびたびある、とお話ししたときに触れました。お互いにほんとうに恐ろしいことをするひとたちについては、言うまでもありません――わたしなら最悪の瞬間でもしようとは夢にも思わないし、できないようなことです。

誰も、自分が愛情がないと思うことはいっさいしないのだよ。彼らがすることはすべて、愛しているからなのだ。

このことは、つねに覚えておきなさい。すべての行為は、愛の行為である。これはあらゆるひとにとっての真実で、例外はない。

殺人者でも？　レイプ犯でも？　泥棒でも？　カルト的な宗教者でも？　人種的偏見に凝り固まっている者でも？　政治的暴君でも？　金融詐欺師でも？　ひとの心を弄ぶペテン師でも？

もっと深く見ることだ。目覚めるとは、深く見ることなのだよ。

すべての知覚ある存在のあらゆる決断と行為の背後にあるのは、何かへの愛だ。

一部のひとや集団の行為の理由を理解するためには、こう問いかけなくてはいけない。あなたは何を**そんなに**愛しているから、そういうことをしなければならない、と思うのですか？

問題は、ひとびとが愛していないことではない。問題は、ひとびとが**愛し方**を知らないことだ。

だからといって、彼らの行為が正当化されることはいっさいないが、しかし、説明はつく。

成熟した種ならば、純粋に愛を表現する方法を覚えているのだよ。

「純粋に」って、どういう意味ですか？

「純粋に」愛を表現するとは、**自分**への見返りを何も考えず、また必要としないことだ。

純粋な愛とは無私の行為で、完璧に幸福であるために何も必要ではないし、求めないし、要求もしないという自己の気づきに基づいている。

これが、**「神性の自然な状態」**だ──ついでに言えば、神が誰にも何も求めず、要求せず、命令しない理由もそこにある……まして、惨めな、あるいは下品で卑屈で屈辱的で卑しくて恐怖に満ちた従属など、求めるわけがない。

それであなたは、まったく自分のためになることがなくても、純粋に愛していらしたのですね。あるいは、得になるどころか、まったく自分のためにならなくても。

そんなことは不可能だろうね。愛の純粋な表現はすべて、愛する側のためになる。純粋に愛する者たちはすべて、そこで生命にとって可能な限り、最高に、そして充分に**「真の自分」**を経験できるのだから。

生命そのものの究極の目的は、「愛そのもの」の究極の表現を通じて**「神性それ自身」**の究極の経験をすることで、それが「神そのもの」の究極の定義なのだよ。

それは美しいですね。ほんとうに美しい表現だなあ。でも、人間がそれを表現し、経験することは可能なんですか？　また、統合についてのわたしの疑問に戻ってしまうと思うんですが。わたしがそのような愛をほんとうに感じることは、可能なんでしょうか？

可能どころか、すべての人間はそうしてきたのだよ。地球上で、それをすでに感じていない人間はいない。

彼らはたぶん、赤ん坊を腕に抱きあげたときに、それを感じるだろう。たぶん、ある場所への、あるいは何か物質的な対象への、そのような愛を感じるだろう——一見、何の意味もないような、お気に入りの枕かもしれないし、ぬいぐるみかもしれない。植物や樹木に、日の出や夜空にそんな愛を感じるかもしれないね。

あなたは、夜空を見上げて愛を感じたことはないのかな？


あれは畏敬の念というのかな。畏敬と称賛です。


それが、最高のかたちの愛だよ。なぜなら、それは見返りとして何も望まず、必要とせず、獲得しようとせず、要求しない。

誰でも、そういう愛を感じてきた。わたしのあなたがたへの愛もそれだ。あなたがたひとり残らずすべてへの愛だよ。

あなたが、ただその美しさのゆえに、ただすばらしさのゆえに、ただ喜びのゆえに、ただそれがもたらす幸福感のゆえに、何かを愛すると、そのエネルギーはあなたのなかで熱く光り輝き、あなたから放出される。そのとき、あなたは純粋に愛している。

その愛を送る見返りに何かを得ようと思うなら、あなたは何か、あるいは誰かを愛しているのではなく、自分自身を愛していて、何かあるいは誰かをその手段として利用しているに過ぎない。

やられましたね。でも、自分自身を愛することはいけないんですか？　だって、すべての愛は自己愛から始まるのではありませんか？

そうだよ。だが、自己愛は自己の外側にある何かから受け取る愛ではない。自己愛とは、**自己によ る、自己への愛**だ——ほんとうの自分とは何者で何なのか。そのほんとうの自分であることの混じりけのない美しさ、混じりけのない驚異、混じりけのない喜びゆえの愛だね。

それが、神が**神自身**を愛するやり方だ。それが、わたしが**「わたしを」**愛するやり方だ！　そして、あなたがたも**自分を**そのように愛したらどうか、と誘っているのだよ。

それができればと、ほんとうにそうしたいと、思います、つまり、全的にです。完全にですよ。つねにです。でも、欠点だらけ、弱点だらけ、失敗だらけのわたしには、それはとても難しいんですよ。

また、その話だね。それでは、以前に何度も言ってきたことを、もう一度言おう。あなたがたは完璧だ。

ただ、いまのままで、あなたがたは**完璧**なのだよ。

あなたがたが生後一日の生まれたての新生児に、生後一週間の赤子に、生後一ヵ月の嬰児《えいじ》に、一歳の幼児に、美しさと完璧さ以外の何も見ないように、わたしはあなたがたのなかに完璧さしか見ていない。

ところで、それはあなたが**百歳**に……いや一千歳になっても、同じだろうね。その歳月は宇宙の生命にとってはひとつの鼓動よりも短いのだから。

あなたがたは、この地球と呼ぶすばらしい星の「物質の領域」における表現を通じて、「真の自分」の経験を育て、拡張し、拡大し、完成させていく。

あなたが「わが家」へ戻るとき、わたしたちは「完璧な一体化」のなかで出会うだろう。そして、わたしが約束したように、あなたがたはすべての生涯を通じて、決して——一瞬たりとも——わたしなしではいないのだよ。わたしから離れているあいだもね。

わたしは、いつも何の見返りも求めず、何も必要とせず、何も要求しない純粋さであなたがたを愛してきたように、いまもあなたがたを愛している——あなたがたとわたしは「永遠にひとつ」であり、その経験こそが、「わたしたちの自己」が望んでいるすべてだから。

とっても感動しましたよ。感動し、新たな気分になりました。いまのわたしの願いは、いままでのお話のすべてを人生に活かすことだけです。

35

わたしはこれを現実《リアル》にしたいと思うんです。わたしの経験のなかの真実にしたいんです。

この対話にはすばらしい洞察が含まれていて、わたしにとっては完璧に時宜を得たきっかけとなり、とても力強いツールを与えてくれました。そして、べつの次元の高度に進化した存在と人間との違いをリストアップした十六項目は、わたしの旅の指標になるでしょう。とてもすっきりしました。でもここで、人類としてのわたしたちの目覚めと進歩という考えが絵に描いた餅ではないし、響きはとてもいいが平均的な者には事実上達成は無理だ、ということにはならないと、はっきり知りたいし、確信したいんです。

この対話が終わったとき、また「変わりばえのしない」昔に戻ってしまいたくないんですよ。

わたしはわたしの経験をするしかないんです。ですから、ときどきはいまのように弱気になってしまいます。可能性にはわくわくしますが、どこまで実現できるかとなると、弱気になるんです。聞いていらっしゃいますか？

もちろん、聞いているよ。だが、あなたがあなたの経験をするしかないのであれば、**弱気**になるのではなく、完璧に**勇気**づけられるはずだが。

わたしには理解できません。わたしはここにいるただの人間で、ブッダでも、キリストでも、老子でも、聖母マリアでも、孔子でも、ジェノアの聖キャサリンでもないし、もっと近年で言えばクリヤー・ヨーガ指導者のパラマハンサ・ヨガナンダでも、インドのマザー・ミーラでもないんですよ。基本的なところ、基盤のところでは、わたしたちはみんな同じだ、ということは知っています――わたしはそういうすばらしいひとたちと「同じ布地で裁断」されている、と――でも、わたしはそれを証明する資質を人生で示してはいないんです。

じつは、あなたはそうしているのだよ。だが、その話はすぐ後でしよう。いまは、あなたがそんなふうにあなた自身を経験していないことが完璧なのだ。わかるかな？　どうだろう、それがわかるかね？

わたしはときどき、そんな立派で霊的《スピリチュアル》に正しいと思われる考えが、なかなか受け入れられないんです。自分が目覚めている事実に目覚めているかのように行動するという面で、自分の進歩がこれほど遅くても、それで「完璧」なのだと自分に言うのは、都合のいいごまかしじゃないか、と思うことがあるんですよ。それで自分の過去を弁解し、現在の失敗を赦しているんじゃないか、って。

第一に、赦すべきことは何もない――かけ算九九を間違える十歳の子どもを、あるいは誕生日パーティでミルクをこぼした四歳の子どもを「赦す」必要がないのと同じだよ。あなたは「赦す」必要はない。なぜなら、そのようなことがどうして起こるかを完璧に理解しているから。〈マスター〉の精神では、理解が赦しにとって代わる。

知っています、知っていますよ。それは、繰り返し指摘してくださいましたし、その純粋ですばらしく寛大な論理は、ほんとうによくわかるし、すごいと思うんです。でも、その「完璧」という考え方が、わたしにはときどき、嘘みたいにすばらしい「脱出口」のように感じられるんです。「万事、それでいいんだよ」という考え方をすると、なんだか、もっと良くなる努力の必要がない、みたいな気分になります。

そうだね。もちろん、あなたには「必要はない」。ここでは、必要性は何の関係もないからね。誰もここでは採点などしていないよ。誰も批判したり、罰したりしない。だから、必要性の問題ではないのだ。願望の問題だよ。

そうですね。わたしはそう願っていると正直に言うことができます。わたしはほんとうに、あなたが一貫してわたしたちすべてに勧めてくださっているようにしたいんです。次に「ほんとうの自分」について抱く最も偉大なヴィジョンの最も壮大なバージョンを表明し、宣言し、表現し、実現し、経験したい。たぶん、わたしはなぜ自分がここにいるかを理解するのに——ましてて、それを生きることに——七十年以上もかかっていることが「完璧」だとは感じられないんだと思います。

あなたのプロセスを、こんなふうに考えてごらん。もし、あなたが何年も前に、たとえば老子が示したレベルに達していたとしたら、九冊の本、三千ページにも及ぶ問いかけをする立場にいただろうか？

たぶん、それはないでしょうね。

たぶん？

絶対にありませんね。

そして、あなたは同世代のなかでも最も膨大な問いかけをするひとりなんじゃないかな。そこで、あなたの問いかけ、そして受け取った答えは、あなたに利益をもたらしたと思うかな？

はい。もちろんです。

そして、それはほかのひとたちにとっても利益になっているだろうか？

たぶん。それらの問いと答えが利益になったと言うひとたちがいますから、そのひとたちの言葉を信じるなら、そうでしょうね。でも、わたしは自慢する気はないんです。それについては、自慢するどころか、つつましい気持ちでいますし、いつでもそうありたいと願っています。

あなたはすべてについて、**「ほんとうの自分とは何者か」**「なぜ、ここにいるのか」そして、それをどう表現して示したいかに関する自分の決定に基づいて、自分が選んだ感じ方をするだろう。

それでは、自分が聖母マリアや老子、あるいはあなたが〈マスター〉だと思うほかのひとたちが示すレベルに達していないと感じても、それで完璧なんだと感じることを選べるかね？

わかりました。でも、わたしはいま、もっと多くを願っています。あなたなら願望の増大とお呼びになるんじゃないか、と思うんですが、わたしや人類のほかのメンバーが目覚めていることに気づいたときには、わたしたちはどんなふうになるのか、そしてそれらしく行動するようになったとき、わたしたちはどんなふうにふるまうのかが知りたいんです。

その質問には、じつは以前の対話で答えているね。

いまここで、もう一度答えてはいただけませんか。以前の対話を探さなくてもすむように。

いいよ。自分が目覚めていることに目覚めたように行動することを選ぶなら、あなたがたがすることがいくつかある。

わたしたちとＨＥＢの違いのリストで、取るべき行動として誘《いざな》われていることに加えて、ですね。

そう、あそこで勧めている行動に加えて。

まず、あなたがたは心のなかでネガティブな考えを弄ぶことはしないだろう。ネガティブな考えが心に忍び込んで来たら、ただちに追い出すだろう。意図して、何かべつのことを考えるだろう。それについて、シンプルに**「心変わり」**するだろう。

また、自分自身をありのままで充分に愛するだろう。そして、ほかの誰でも、そのありのままで充分に愛するだろう。それから生命／人生を、そのありのままで充分に愛するだろう。そこでは何も変える必要がないし、すべては自分が知って、「ほんとうの自分」を明示する機会となる文脈的な場を創造するために、自分が通過し経験しているのだ、とわかったうえでね。

赦しは必要ないし、自分が目覚めていることに目覚めている人間にとって自然でもないと知って、二度と誰も何も赦すことはないだろう。赦しが必要だという考えを抱くことは傷つけられたと考えることであり、目覚めた人間であるあなたがたは、**「神性」**――それがあなたがただ――の経験のなかでは傷つくことは不可能だと気づくだろう。したがって、ほかのひとたちとの交流のなかで赦しを理解に代えるだろうし、真の性質を捨ててそんな行動をするほどに強いレベルで感じているに違いない他者の苦痛や怒り、悲しみに充分に気づく経験をするので、それは自然にほかのひとびとへの思いやりにつながるだろう。

さらにまた、目覚めた者として、あなたがたは誰かの死を一瞬たりとも嘆き悲しまないだろう。あなたがたは喪失を嘆くかもしれないが、彼らの死を嘆くことはないだろう――そうではなくて、彼らが他者と分かち合った愛と喜びのときを、そして彼らが自分の進化のプロセスの自由ですばらしい表現のなかで生き続ける事実を称えるだろう。同じく、あなたがたはまったく同じ理由で、自分自身の死も恐れないし、嘆き悲しまないだろう。

最後に、あなたがたはすべてが振動するエネルギーであることに目覚めるだろう。すべてだよ。だから、あなたがたは食べるものすべて、身につけるものすべて、見たり読んだり聞いたりするものすべて、そしていちばん大事なこととして、考え、言い、行動するすべての波動にもっと注意を払うだろう。

そして、自分自身のエネルギーと自分が周囲に創り出している生命エネルギーが、**「ほんとうの自分」**についての最高の知や、自分が明示することを選んでいる**「ほんとうの自分」**の経験と共鳴していないことを発見したら、ただちにその波動を調整するだろう。

なんだか、やたらと大それたことのように聞こえます。おわかりですか？　こういうとき、わたしは弱気になってしまうんです。わたしの経験では、いまのお話のような目標は達成がとても難しい。それは、〈マスター〉のふるまいであって、そのひとたちを真似るのはとっても難しいですよ。

実際には、あなたの経験はその真逆だったのではないかな。

それは……おっしゃる意味がわかりません。

これらのすべては、あなたが**すでに**経験してきたことだよ。

あなたはすでにネガティブな考えから離れ、何かについてシンプルに心変わりしたことがある。

あなたはすでに、自分自身を、他者を、そして生命／人生そのものを充分に愛し、何も変える必要がなかった――たとえ、すべてが自分の好むとおりではなくても――ことがある。

あなたはすでに、誰かがしたことを――相手と同意見ではなく、相手がしたことを大目にみるのでもなく、なぜ、どうしてそんなことをしたのかに気づいて――赦す必要がほんとうはないと経験したことがある。

あなたはすでに、誰かの死について、嘆き悲しむことから離れて称えたことがあるし、おなじように自分自身の死をほんとうには恐れていなかったことがある。

最後に、あなたがそのときの波動、自分が発している波動や、食べようとし、身につけようとし、しようとしていることの波動を感じて、自分自身のエネルギーの振動数を変え、これから出会う、あるいは経験することについて新しい決断をし、その波動に対応したことが何度もある。

あなたがたみんなが、こうしたすべてを行ってきたのだよ。どれも、あなたがたの能力を超えたものではない。たったひとつの側面であっても、あなたがたの知力の範囲を超えてはいない。ここで話したことは何ひとつ、知覚ある存在としてのあなたがたの〈マスター〉としてのレベルを超えてはいないのだよ。

あなたはただ、もっとたびたび、そのようであろうと決意しなければならないだけだ。

うわぁ、なんということだろう。そんなにシンプルなことだなんて、思ってもみませんでした。

そんなにシンプルなのだよ。

わたしにできるとお思いですか？　わたしたちの誰もができるとお思いですか？　水を差すようですが、でも──

──もちろん、できるよ。自分のためにならないふるまいを見つめ、自分が選ぶ生の誘いへの対応に代えるという簡単なことだからね。あなたはいわゆる「悪い習慣」を変えたことはないのかな？

ありますよ。たいていのひとが、何かについて成功したと言えるんじゃないかな。

そら、ごらん。それでは、何がその習慣を変えさせたのだろう？

そうしたかったからです。そうしたいと決意しただけです。

それで、決意をさせたのは何かな？

振り返ってみると、ただふつうの願望だったような気がします。もう、そういうふるまいを見せたくなかった、経験したくなかったんです。わたしの場合、いちばん大きかったのは禁煙でした。二十年以上も喫煙していて、一日に一箱半は吸っていました。それがある日、止めようとふと決意したんです。それっきり、止めました。「断ち切った」というのがふさわしいんじゃないかな。ある日は夕バコを吸っていたのに、翌日は吸いませんでした。もう三十年以上前のことですが。自分のためにならないと感じて止めた習慣は、それだけではありませんが。

それでは、あなたは二十年も続いていたふるまいを突然変更する能力を実証したんだね。

そうですね。

それなら、目覚めているのにそれを知らない、あるいはそのように行動しない人間から、自分が目覚めていることに目覚めて、そのように行動する人間に変わるのは、ほんの一歩、決断ひとつ、ということだね——ちょうどあなた自身が、この対話の前のほうで言ったように。

そして、その一歩は簡単に踏み出せるし、簡単に変化できる。なぜなら、悪い習慣を断ち切るのとは違って、まったく新しいふるまいを身につけることですらないのだから。ただ、いままでの人生ですでにしてきたことを、これからはもっと頻繁にするというように過ぎない。

そんなふうには考えてもみませんでしたよ。さきほどお話しになったふるまいはすべて自分がすでにしてきたことだという事実に、まったく思い至りませんでした。それは自分が達成しなければならない何かだと思い、繰り返しなさいと誘われているなんて思わなかったんです。自分が獲得しなければならない技能《スキル》だと考えていたので、反復しなさいと誘われているふるまいだなんて、思いませんでした。

いま、いままではわからなかったことが見えてきました。自分が行きたい場所に、思ったより簡単に行けるのだ、なぜなら、わたしはすでにそこにいたことがあるのだから、とわかりました。その道をわたしは知っている。すごく、わくわくしますよ。ほんとうに元気づけられ、励まされました！

わたしは自分自身を創り直す必要はないんだ。ただ、人生の一瞬一瞬に、以前のとおりに自分自身を元に戻せば、復活させれば、再インストールすればいいだけなんですね。

それは、偉大な目覚めだよ。これで、あなたは自分がすでに目覚めているという事実に目覚めたね。

これで、もう語るべきことはなくなりましたね、そうではありませんか？

そう、もうないね。

そういうことですね？

そういうことだ。

ありがとうございます、神よ。ありがとうございます、大事な大事な友よ。わたしはいつまでもこの経験を覚えているでしょうし、生命が終わる日まで感謝し続けるでしょう。

その日は決して来ないがね。

その日は決して来ないのですね。

まことに、まことにそうでありますように（アーメン）。

おわりに

この旅の仲間である、親愛なるみなさん……

なかなか容易ではない、そうではありませんか？

わたしが言うのは、生命／人生というこの旅のことです。

わたしたちの大半にとって、これは容易ではありません。道々、あまりにも多くの悲しみや悲劇があるのです。もちろん、幸せもあります。それから、確かに大いなる喜びのときも。だが、重い心や何度も何度も心が破れる痛みは辛い影響を及ぼしかねない――それは否定できません。どんな楽観主義者でもときには朝起きてその辛さを感じ、あるいは起こったことの重さや記憶を抱いて床に就くはずです。

わたしは五十年も、自分にこう言い続けてきました。「これには理由があるはずだ。目的があるはずだ。これは、わたしたちすべてがここで参加している『もっと大きなプロセス』の一部であるはずだ。生命／人生はきっと、わたしたちみんなが経験させられている、そして予想もしていないときに『終了ベル』が鳴り響く、いきあたりばったりの出来事の連続以上のものであるはずだ」

わたしが四十九歳の誕生日を過ぎて以来（もう二十四年も前のことになる）続けてきた神との対話は、この思いが真実であることを確信させてくれました。そして、この最新の――まったく予想していなかった、驚きに満ちた――対話によって、すべてが再確認されたのです。

しかし、ここでお別れを言う前に、どうぞ聞いていただきたい。このすべてで、わたしは間違っているかもしれません。

わたしがそのことを考えなかったとは、どうか一秒たりとも思わないでほしいのです。わたしはいつでもそのことを考えています。

インタビューで、何人かに基本的に同じ質問をされました。あなたは自分の経験について、あるいは受け取った情報について、何の疑念も抱いていないのか、と。

そのたびに、わたしは同じ返事をしました。

「疑念を捨てる日はわたしが危険になる日です。わたしは危険になるつもりは毛頭ありません」

ですから、みなさんにも同じように疑念をもってくださいと言いたいのです（きっと、わざわざ、言う必要もないでしょうが）。『神との対話』シリーズの最も重要なメッセージのひとつは、これらを信じるな、であることをはっきりわかっていただきたい。

事実、九冊の本の最初に、わたしたちはそれを神の声として聞いています。「わたしの言うことを信じるな。ただ、そのとおりに生きてごらん。経験してごらん。それから、何でもいいから、ほかの生き方をしてみなさい。その後に、経験を見つめて真実を探しなさい」

「自己」と魂に関するすべてにおいて、わたしたちは自分で裁量権を持ち続けたほうがいい。わたしたちにとっての真実は何かを誰も言うことはできないし、また言おうとすべきでもありません。

そのことを踏まえたうえでのことですが、『神との対話』で示された自分の生命／人生をどう生きるかという勧めや示唆を読んだとき、自分にとっての真実が何であるかが非常に明確になり、こう思わずにはいられなかったのです。「誰かがこれを五十年前に言ってくれていたらなあ。これ以上、優れた生き方は想像もできない」と。

しかし、誰もが同意するはずはないことも、よくわかっています。ここに書かれていることに全員が共鳴しはしないでしょう。なかには奇妙だとかすっとんきょうだと思うひともいるでしょう。いや、もっと悪いと言い、冒瀆だ、異端だというレッテルを貼るひともいるでしょう。わかっていただきたいのは、このような見解に――真摯に考えられた正直な、そして暴力なしに表明されたすべての見解に――わたしは心から敬意をはらい、尊重するということです。

ここで語りあっているのはとても力強いテーマで、注意深く進めるのは良いことです。そのすべては、わたしたちと「神性」との関係を中心にしています――実際、「神」は存在するのか、という問題までもがかかわっています。これは、小さな問題とはとても言えません。

こうしたすべてに対するわたしたちの理解は重要です。なぜなら、ほとんどの人間は生命／人生に何らかの意味を必要とし、探し求めるし、遅かれ早かれ、それを見出したいと深く願うからです。生命／人生に何らかの意味がなければ、目的がなければ、わたしたちの多くはまもなく、さっき言ったような重さを抱えてただとぼとぼと歩いている自分を発見するでしょう。

わたしたちは、自分が理解し始めてすらいない何かをできるだけ活用しようと試みつつ人生を歩み、ますます無目的で、無価値で、無意味な、何も明らかにしてくれない、ろくに何も生み出してくれない活動に明け暮れて日々を、夜々を過ごすことになるでしょう。その生き方は、どこへ続くとも知れない、しかしいずれは死と呼ぶもので終わる道々に、それ以上になすべきことを提供してくれないし、死を予想しても何も得られず、ただ苦々しく笑うしかなく、すべては不毛だという感覚だけが強まるのです。

だから、わたしたちは切望し、探し求めます。

こう書きつつ深く考えているうちに、わたしは、何らかの「より高い力《パワー》」が存在すると思い続けるなら、明晰さに達することはまさに保証されるのだろう、とわかってくる気がするのです。

尋ねよ、さらば見出さん。神はわたしたちみんなにそう言われました。叩けよ、さらば開かれん、と。わたしたち自身の「神性」との交流のなかで、そこではもっと大いなることが進行していることを、わたしたちはしっかりと思い出すのではないでしょうか。情報がわたしたちの前に現れて、存在するすべて、起こるすべてのものの「偉大さ」を突然明らかにしてくれるでしょう。実際、みなさんが読んでいるこの本は、いままさにそのプロセスの一部となり得るかもしれません。

みなさんと「神性」との交流が一方通行の出会いだとは、わたしには信じられません。それはみなさんに慰めを与え、献身し、専念し、時間と努力を費やすに値する目標を提供してくれるはずだと信じています。

ですから、みなさんには日々、それぞれの伝統や最も内なる思いをもとに、自然な良い方法だと思われるやり方で、ご自分の神との対話をなさることをお勧めします。それを祈りと呼ぼうと、瞑想と呼ぼうと、インスピレーションと呼ぼうと、何と呼ぼうとかまいません。そして、ここでのわたしと神とのやりとりがきっかけで、みなさんがご自分の神との対話をなさることができれば、この本の出版は成功で、目的を達したことになります。

みなさんが『神との対話』シリーズに共感なさるなら、この本で、シリーズのメッセージをもっと全面的に人生に取り入れるのに必要なすべてが見つかることでしょう。人間と高度に進化した存在との違いを説明した十六項目を受け入れ、応用してみてください。この対話のなかで探究された統合に関する七つのツール（神が示した五つのツールと、わたしを通して現れた二つのツール）を定期的に活用してください。そして、あなたがすでに自分にも完璧に可能であることを示した日々の行動を繰り返してください。そして、あなたの人生が目の前で変化するのを見ても、どうか驚かないでください。

さて、ここでこの本の主要部分の原稿が完成して数週間後に書かれ、追加された、最後の考えをみなさんと分かち合いたいと思います。

二〇一六年十一月一日、わたしは思いがけない心臓手術を受けました。五ヵ所のバイパス手術です。数日前の血管造影検査で、長年使い続けた心臓が何だかおかしいなという思いが裏づけられるまで、そんな手術が必要だなどとはぜんぜん知りませんでした。ただ、何となくおかしいと思い、検査を受けたほうがいいだろうと考えたのでした。その決断が、わたしの生命を救いました。心臓の動脈が五ヵ所――そのうち、ひとつは九八パーセント――ふさがっていたのです。

このごく私的な情報をここで記すのには理由があります。みなさんの同情を得るためではなく、関心をもっていただきたいのです。

わたしたちが生きている生命／人生、みなさんとわたしが手を携えて生きているこの生命／人生は、永遠に続くものではありません。現在のかたちでは、永遠には続かないのです。わたしたちの存在は永遠でも、特定のかたちの生命／人生はそうではありません。

このことを、わたしはとても強力な、否応なしの方法で思い知らされました。胸を切り開かれ、心臓が止まり、三時間のあいだ身体とつながれた機械に血流と呼吸を維持してもらい、再び胸を閉じて縫い合わされる経験ほど、それを明確に知らせてくれるものはないでしょう。みなさんは身体ではありません。身体はみなさんがもっているものであって、みなさんではないのです。みなさんは永遠です。けれども、みなさんがもっているものはそうではありません。
アメリカの詩人、エム・クレア（幸せな喜びとともに言わせていただきますが、彼女はわたしの愛する妻でもあります）はこの現実を、「貴重な出来事」という詩で完璧にとらえています。

わたしは、貴重な出来事
そして、長くはもっていられない

わたしたちは貴重な出来事
そして、わたしたちがもっていられると思うほど
長くはもっていられない

あまりに多くの時間が費やされている
顔から顔へと
走り回り
「わたしの名前は」と尋ねながら
あなたがまだ知らないなら
あるいは、忘れているなら

静かに、内側へ入っていこう
そして、答えよう
あなたは貴重な出来事
わたしたちにあなたの名前を教えて

――「貴重な出来事」エム・クレア

心臓切開手術の経験で、わたしは長く真剣に考えざるを得ませんでした。それもしばらくのあいだではなく、手術の翌日からこれを書いているいままでずっとです。いまの身体に残されている時間、わたしはどうしたいのだろう?

それを言うなら、わたしたちは全員、何をしたいのでしょう? つまり、わたしたちはなぜここへ来たのでしょう? わたしたちの現在の物質としてのかたちが終わるとき、ほんとうに大切なのは何なのでしょうか?

わたしたちはここに、恋人を、車を、仕事を、伴侶を、子どもたちを、住宅を、もっと良い仕事を、もっと良い車を、もっと良い住宅を、孫たちを、会社でのポジションを、退職記念の時計を、クルーズ旅行のチケットを、病気を得て、それからさっさと立ち去るために来たのでしょうか? それが、ほんとうにわたしたちの人生なのでしょうか?

もっとほかにすることはないのでしょうか？　もっとほかにすることはなかったのでしょうか？

それから、わたしは「目覚める」ということについて、思いを巡らしました。そんなことが実際にあるのだろうか？　わたしたちは平凡な日常ではない何かを得ようとして、ただ生き延びるだけではない何かを得ようとして、それをでっちあげたのではないか。

それから、わたしはつぶやいたのです。いや、待てよ。いま、おまえは神に一冊の本を与えられたばかりではないか。そのいちばん重要なメッセージは何だった？　そこに注意を向けたほうがいいのではないか。

そこで、この本を最初から最後まで読み返しました。そして、これがただひとつの、いちばん重要なメッセージだと決めたのです。「あなたはすでに目覚めている。ただ、それを知らないだけだ」

いまわたしは、そこに自分のチャンスがあると思っています。目覚めようとするのではなくて、この瞬間から先は——あらゆる考え、あらゆる言葉、あらゆる動作、行動、選択、決意において——すでに目覚めていることを反映するやり方でふるまうのです。

わたしは自分で選択しました。そして、みなさんにも同じことをしましょうとお誘いしたいと思っています。

いまは、個人としても、人類としても、前進するのに絶好のときです。そしてこれは、苦役や重荷である必要はないのです。それは喜びになり得る。日々、自分の最高で最も偉大な部分を表現することはとてもすばらしく感じるでしょう。わたしたちがしなければならないのは、不安やマイナス思考を取り除くことだけです。

やってみようではありませんか。一週間だけでも。いや、一日だけでも。自分が考えることを観察しましょう。自分が言うことを観察しましょう。（何についてであれ）ネガティブな思考や言葉を数えましょう。そこにポジティブなエネルギーと良い波動が与えられた場合、あるいはネガティブさが消えた場合を数えましょう。

それから、「神性」の招待を受け入れ、あらゆる出会い、あらゆる交流、予想されるあらゆる他者との経験を前に、自分自身にこう言おうではありませんか。わたしはあなたが生命／人生をもてるように、それをもっと豊かにもてるように、やって来たのだ、と。

朝から晩まで、これによってすべての知的、感情的、物質的表現の文脈をかたちづくろうではありませんか。みなさんが、わたしたちの進化の旅で次の、たぶん最も重要でわくわくする一歩に加わりたいと思われるなら、それを支援する糧《リソース》をwww.ihaveselfselected.comで見つけられるでしょう。

わたしがこのサイトを作ったのは、自分を助けるためで、ここには『神との対話』シリーズの主要なメッセージや資料が集められています――これは、わたしの人生を変えてくれましたし、それ以上にさらなる大きな変化を約束しています。

わたしたちはその変化を起こせるとお考えですか？　そうなったら、わたしたちが触れ合う世界はもっと良くなるとお考えですか？

しかし、ここに重大な問題があります。どうして、わざわざそんなことをするのでしょう？　易しいことではありません。何世紀も――いや何千年も――続いている人間の性癖、傾向、好み、性向を切り捨てるなんて、一夜でできることではありません。新しいやり方で考え、新しいやり方で生命／人生を理解し、新しいやり方で他者に語りかけ、新しいやり方で世界に自分を示す必要があります。

どうして、わざわざそんな苦労をするのでしょう？　なぜ、ただ恋人を、車を、仕事を、伴侶を、子どもたち等々を獲得し、それ以上に大きな目標なしに、ただ生きていかないのでしょうか？

なぜなら、ここに来たのはそれ以上のことをするためだからです。

わたしたちがここへ来たのは、「いちばん数多く玩具をもっているものが勝者」というゲームをするためではありません。わたしたちがここへ来たのは、ただ生き延びて、せいぜいできるだけ被害を少なくし、自分が考える最高レベルの「幸福」と「成功」を創り出して、誕生から死へとなんとかたどり着くためではないのです。わたしたちはほんとうに、それが「地上での経験の総和」であるはずだと思っているのでしょうか？

それも、わざわざがんばろうという理由のひとつです。

なぜなら、わたしたちの世界――みなさんが子どもや孫たちに残したいと思う世界――は、いままでは存続できないからです。要するに、「恋人を、車を、仕事を獲得する」だけが人間が続ける行動のすべてであるなら、もう持続不可能だからです。人類が目覚め、前進し、「ほんとうの自分」と「ここへ来た理由」と「すべての生命の目的」に気づくべきときなのです。

ただ「存在する」だけが、存在の目的でしょうか？

絶対に、違います。絶対に、それ以上のことがあるはずです。

そう、あるのです。『神との対話』シリーズは、そのことを明確にしています。だからこそ、わたしはそれを人生の日々の糧《リソース》として活用しているのです。みなさんも、ぜひそうなさっていただきたい。本を読んでください。シリーズのすべてを読んでください。そこに、みなさんが「人生の最大の謎の回答」を見つけると思うからではなく、「みなさん自身の回答」への道を見出すと信じるからです。みなさんはシリーズのなかで提示されたことに賛成かもしれず、反対かもしれませんが、いずれにしても、みなさん自身の最も内なる真実に近づくはずです。

そして、生命／人生をもっと充分に生きることができます。

それから、みなさんは人類を目覚めさせるでしょう。自分自身と生命の目的についての最高にして最も偉大な最も内なる真実を生きる者は、ひととかかわるときに、そのひとたちの最高の希望と最も偉大な思考とを映し出して見せることにより、相手を自分自身に返らせて、忘却といううたた寝から起こさずにはいられないからです。

これが、わたしたちへの招待です。これが、わたしたちのチャンスです。これがわたしたちの進化の次のステップです。その次のステップを踏み出すことは、すべての生命の目的です。魂は、進歩、進歩、進歩を通じて、生命を表現するからです。

拡大、拡大、拡大。なりゆくこと、なりゆくこと、なりゆくこと。

永遠に、終わりなく、さらにとこしえに。

これが、生きとし生けるものの身体に宿った神の喜びです。

お誘いします。それをみなさんの喜びとしていただきたいのです。

愛をこめて

ニール・ドナルド・ウォルシュ
オレゴン州アッシュランド
二〇一六年十一月二十二日

追伸

この対話で紹介された三つめの招待からエネルギーをもらったとお思いなら、ぜひ、世界には、人類の目覚めを助けるためにみなさんの支援をお願いしている、もっと多くの組織や運動があることを知ってください。

そのひとつは、『神との対話』シリーズのメッセージから直接、生まれたヒューマニティ・チーム(HumanitysTeam.org)で、一体というメッセージを世界に送り、分離を終わらせることを目的にしています。もうひとつは、神との対話財団(CWG.org)で、『神との対話』のメッセージを世界に送り出しています。

さらに、九冊の対話の内容を見直し、もっと深く学びたいと思われるなら――また、メッセージの探究と応用のための Advanced Integration Program に参加したいと思われるなら―― www.cwgconnect.com をご覧ください。これは、わたしが「継続の日」を祝った後まで、長く糧《リソース》であり続けることと思います。

わたしはこの人生で、ようやく「他者性」を感じています。それが可能であると知ったのです。ただ、知ったのです。確かに、わたしの経験でも、それは非常に稀にしか存在しません。わたしの最大の幸福は、いま絶対的な確信をもって、神の愛し方は地上の人間にも表現できると言えることです。最愛の妻エムが、その生きた証なのです。

エムの詩的表現は、わたしに何度もインスピレーションを与えてくれました。そこで、もうひとつの詩を紹介して、みなさんにも元気になっていただきたいと思います。
この新しい対話に導かれて、わたしが理解する神について考えをめぐらしているとき、わたしは、魅力的で霊的《スピリチュアル》に重要な探究であるエムの詩集、『わが家はわたしを覚えている（Home Remembers Me)』のなかの詩が提示する世界の前で立ち止まりたくなるのです。
この最新の神との対話の締めくくりとして、これ以上のものは考えられません。

わたしの神が
あなたの神と同じであるかどうか
わたしは知らない

それは愛でできていますか？

それはあなたに、あなたが自分に望むことを望んでいますか？

それは両手を広げてやってきて
何も聞かず、何でも受け入れてくれますか？

それは、光と静けさとをあなたに囁き

そこに続く道を指さしてくれますか？
それは、見ることを思い出させてくれますか？
それは、知ることを思い出させてくれますか？
それは、この上なく優しい恋人を思い出させてくれますか？
あなたが夢見た、身体の隅々まで鎮めてくれる
心から憂いを取り除いてくれる恋人を
それは遅れたことがありますか？
それは、去ってしまったことがありますか？
それは、愛でできていますか？
「それは愛でできていますか？」

——エム・クレア

拡大していく。

補遺——『神との対話』シリーズについて

『神との対話』シリーズは九冊あり、一冊ごとにその内容の複雑さのレベルが上がり、探究の範囲が拡大していく。

ほかにも多くの補完的な本が出版されており、もとの対話で示されている驚くべき思考の構造を、霊的《スピリチュアル》かつ現実的に日常生活に活かすにはどうしたらいいかが、ていねいに説明されている。

これらの補完的な本は、もとのメッセージを人間活動の広大な領域に広げており、そのなかには、若いひとたち特有の関心事（『10代のための「神との対話」Conversations with God for Teens』）、神を人生に迎え入れるとはどういうことで、どのように感じるかという基本（『The Holy Experience』）、誰にでもある望まなかった予想外の変化（『変えれば、変わるWhen Everything Changes, Change Everything』）、影響力のきわめて甚大な政治的、経済的、社会的大変化にどう対応するかについて、人類に新しく開かれた方法（『人類との対話1　静けさの前の嵐The Storm before the Calm』）、それからすべてに共通する、魂の唯一の願望に基づいた人生で真に意義のある事柄（『人類との対話2　たったひとつの大切なことThe Only Thing That Matters』）という共通経験を取り上げたものなどが含まれている。

『神よりしあわせ（Happier Than God）』には、宇宙の形而上学を十全かつ強力に生かすための力強い基本原理が、『Bringers of the Light』には適正な生き方のための処方箋が書かれており、また『神との対話　25のコア・メッセージ（What God Said）』には、三千ページに及ぶ対話の中核である考え方が要約され、その後の章でさらに詳しい説明が示されている。『神との対話』に書かれていることに関心をもっても、全体を読んで詳しく掘り下げるだけの時間がないひとたちには、『神が望むこと（What God Wants）』にまとめられた簡潔な説明が役に立つだろう。それから、何十億人ものひとたちが何千年も抱いてきた神性に関するいちばんダメージの大きな誤解にテーマを絞った本が、『God's Message to the World：You've Got Me All Wrong』である。

リストの最後に、物心つき始めたころから思春期前の年齢の子どもたちに『神との対話』の主要なメッセージを伝えるうえで、非常に有効な戦略を紹介している、ローリー・ファーレイ、エミリー・フィルモアとの共著『Conversations with God for Parents：Sharing the Messages with Children』を挙げておこう。『神との対話』シリーズと伝統的な治療の専門家との出会いについては、ブリット・クーパー医学博士との共著『Where God and Medicine Meet』を見ていただきたい。最後に、『神との対話』の内容を学ぶ機会を提供したいと考えている方々には、『神との対話　ガイドブック（The Conversation with God Companion）』がお役に立つことと思う。

●『神との対話』全リスト

対話シリーズ

神との対話1
神との対話2
神との対話3
神との友情
神とひとつになること
新しき啓示
明日の神
神へ帰る
神との対話　完結編（本書）

補完的な著作

①神が望むこと
②Bringers of the Light
③Recreating Your Self
④Questions and Answers on Conversations with God

⑤10代のための「神との対話」　ＰＨＰ研究所
⑥Moments of Grace
⑦愛するということ　ＳＢクリエイティブ
⑧ありのままの自分を生きる　ＳＢクリエイティブ
⑨豊かさとライフワーク　ＳＢクリエイティブ
⑩神よりしあわせ
⑪The Holy Experience
⑫神との対話　ガイドブック
⑬変えれば、変わる
⑭When Everything Changes, Change Everything Workbook & Study Guide
⑮人類との対話１　静けさの前の嵐　アルファポリス
⑯人類との対話２　たったひとつの大切なこと　アルファポリス
⑰神との対話　25のコア・メッセージ
⑱God's Message to the World：You've Got Me All Wrong
⑲Conversations with God for Parents：Sharing the Messages with Children (with Laurie Farley and Emily Filmore)
⑳Where God and Medicine Meet (with Dr.Brit Cooper, M.D.)
㉑児童書：神との対話　フォトブック　ちいさな魂と太陽
㉒児童書：The Little Soul and the Earth

㉓児童書：Santa's God

追加文書
① Guidebook to Conversations with God
② 神との対話　３６５日の言葉
③ The Wedding Vows from Conversations with God
④ The Little Book of Life
⑤ Conversaions with God in a Nutshell

●『神との対話』シリーズの内容紹介

次に『神との対話』が人類に示している主なポイントを、五十の問いとして挙げた。『神との対話』を教えるひとや学ぶひとたちにとって、重要事項の問いと回答として役立つと思う。また、ここでお読みいただければ、シリーズ全体の内容の深さや広がりを把握するうえで――そして、インスピレーションを得るうえでも――有益ではないだろうか。

問い１：神との対話１で示されている、究極の真実を表す三つの言葉は？
答え：① わたしたちはひとつである。
② 充分にある。

③あなたがしなければならないことは、何もない。

参考：「①わたしたちはひとつである」　神との対話１・１章

「②充分にある」　神との対話１・11章、　神との対話　ガイドブック・11章

「③あなたがしなければならないことは、何もない」　神との対話１・８章　神との対話３・２章

問い２：存在‐行為‐所有のパラダイムを説明してください。

答え：ほとんどのひとたちは、わたしがこうすれば（行為）、あれが所有できて、幸せになる（存在）と信じている。『神との対話』は、ほとんどのひとたちが生命／人生の流れを逆に考えている、と語る。対話では、まず「存在」の状態から始めなさいと勧める。その場所から、何をするか（行為）、そして何を所有するかが生まれるのであり、このようにしてもっと楽しく経験を創り出すことができる。

参考：神との対話１・12章　神との対話３・２章　神との対話　ガイドブック・29章

問い３：神らしい五つの姿勢とは？

答え：神はつねに楽しく、愛に満ち、受容し、祝福し、感謝している。

参考：神との対話１・２章

問い4：「対極の法則」と、その働きとは？

答え：「あなたでないものが存在しなければ、あなたであるものも存在しない」。物質の領域（相対性の領域としても知られている）では、何ものも、その対極がなければ存在しない。あなたが何かであると宣言するとき、それとは異なるすべてが体験のなかに入ってくるだろう。それによってあなたは、宣言したとおりの自分自身を知ることができる。あなたは寒さを体験するまでは、「暑さ」も知り得ない。「遅い」を体験しなければ、「速い」を知り得ない。比較する相手が誰もおらず、「背が低い」者がいなければ、自分は「長身」であると知り得ない等々。

参考：神との対話1・1章

問い5：「神聖なる二分法」とは？

答え：同じ場所に同時に、一見矛盾する二つの真実が共存すること。そのような状況はこれかあれかの選択肢を提示しているのではなく、これもあれもの可能性を提供している。「これかあれか」は「これもあれも」にとって代わられる。

参考：神との対話1・8章、12章

問い6：「十戒」とは？

答え：神は（戒律を与えたのではなく）、わたしたちが神を体験する道をたどっているという「明白で確実なしるし」を約束してくれた。これはあなたがたが自発的、かつ自動的に行うことがらである。そして、あなたが「道！」を歩いていると知る方法でもある。神は具体的に言っている。「あなたがたは神への道をたどっていることを知るだろう。なぜなら、次のようなしるしがあなたがたのなかに起こるからである。あなたがたが神への道をたどっているとき……」

①あなたがたは心のすべて、精神のすべて、魂のすべてをあげて神を愛する。
②あなたがたはみだりに神の名を使わない。また、つまらないことで、わたしを呼ばない。
③あなたがたは一日をわたしのために（聖なる日として）とっておく。神性である自己と触れ合いなおし、幻想のなかに長くとどまらずにすむように。
④あなたがたは母と父を、そして母／父なる神を敬愛する。それによって、すべてのひとを敬愛する。
⑤理由もなく、意図的に殺生をしない。その対象には、人間だけでなくあらゆるかたちの生命が含まれる。
⑥あなたがたは不誠実や欺瞞によって愛の純粋さを汚《けが》さない。それは不義だから。
⑦あなたがたは盗まず、騙さず、見て見ぬふりをして他者を傷つけない。
⑧嘘をつかない。
⑨隣人の配偶者を欲しない。すべての他者は自分の配偶者であることを知っているから。
⑩隣人の財物を欲しない。すべての財物は自分のものとなり得ること、自分のすべての財物は世界のものであることを知っているから。

参考：神との対話1・5章

問い7：「三位一体《さんみいったい》の真実」とは？

答え：「三位一体の真実」とは、すべての生命は三元的、あるいは三位一体の現実である、ということ。つまり、生命のあらゆる側面には「三つが一つ」という性質がある。宗教によっては、この三つが一つという性質を「父と子と聖霊」と説明している。この三つが一つであるという性質が現れているのを見られる場所は次のとおり。

わたしたちはものごとを、物質的、非物質的、形而上的だという。また知ること、体験すること、存在することという言い方をする。超意識、意識、潜在意識とも言う。身体、精神、霊魂という言葉を使う。宇宙はエネルギーと物質と反物質でできていると説明する。人間の活動は思考と言葉と行為に現れると説明する。人生の時間について、過去、現在、未来と言う。また、以前、いま、以後とも言う。場所や空間の要素を考えるときには、ここ、あそこ、中間という言葉を使う。

参考：神との対話1・1章、3章

問い8：現実の三つの法則とは？

答え：①思考は創造につながる——集団的思考は集団的な創造になる。

②不安や恐怖は似たエネルギーを引き寄せる——あなたは恐れるものを引き寄せる。

③存在するすべては愛である。

参考：神との対話1・1章

問い9：生命の三つの働きを挙げてください。

答え：①魂の働きは、願望を（強制するのではなく）指示すること。
②精神の働きは、選択肢のなかから選ぶこと。
③身体の働きは、その選んだことを行動に移すこと。

参考：神との対話1・13章

問い10：『神との対話』は、意識的に生きる決意について六つのしるしを挙げています。それは何でしょう？

答え：①そう遠くない昔、わたしたちはこの世に（物質の領域に）留まることだけを望んでいた。だが、いまは去ること（霊的：スピリチュアルな領域に戻ること）だけを望んでいる。私たちの基本的な本能は生存《サバイバル》だと考えていた。いまは、基本的な本能は神性の表現であることを知っている。
②そう遠くない昔、わたしたちは生命を奪った。だが、いまは自分が何をしているか、なぜしているかを正確に知ることなしには、何も殺すことはできない。
③そう遠くない昔、わたしたちは何の目的もないような生き方をしてきた。だが、いまはわたしたちが与えるもの以外には目的がないことを知っている。
④そう遠くない昔、わたしたちは神に真実を教えてくれと願った。だが、いまは神にわたしたちの真実を語る。

⑤そう遠くない昔、わたしたちは豊かになりたい、有名になりたいと願った。だが、いまはただほんとうの自分自身になりたいと願っている。
⑥そう遠くない昔、わたしたちは神を恐れた。だが、いまは神がわたしたちと平等だと思うほど、神を愛している。

参考：神との対話1・9章

問い11：「抵抗すれば、相手は強くなる」とはどういうことか？
答え：何かに抵抗するとは、相手にエネルギーを与えることで、自分の現実のなかでその相手を創造し続けることになる。何かが気に入らないのであれば、抵抗する代わりに、その相手が幻想のかたちを失うまでまっすぐ見つめること。つまり、幻想を見抜いて究極の真実に到達するまで、まっすぐに見つめることだ。

参考：神との対話1・5章

問い12：魂の目的とは？
答え：概念的に知っている自らの最大のすばらしさを、最もすばらしい体験にすること。
参考：神との対話1・1章

問い13：ほかのすべての思考の基礎となる二つの思考とは？
答え：愛と不安

参考：神との対話1・1章

問い14：痛みと苦しみの違いは？

答え：痛みは肉体的あるいは精神的な感情で、何らかの刺激によって起こる。苦しみは、それについてのあなたの判断である。苦しみは、起こっていることが起こるはずではない、あるいは起こるべきではない、という判断から生じる。苦しみは、具体的な痛みを新しい方法で受け止めようと意識的に決めたときに終わる。肉体的な痛みでも感情的な痛みでも、それは結局は最高の善であることが判明するだろうと知って、起こっていることを愛することにしようと決断することで、軽減するか、消える。わたしたちはそのようにして、「わたしは苦しい」という側面を取り除く（出産時の女性のように、あるいは抜歯したひとのように）。

参考：神との対話1・6章

問い15：次の文章に続くのは？「関係性がいちばんうまくいくのは……」

答え：「……あなたが自分にとって最善のことをするときである」

参考：神との対話1・8章、神との対話　ガイドブック・8章

問い16：次の文章に続くのは？「人生を動かしていくのは……」

答え：「人生に対するあなたの意図である」

参考：神との対話1・7章

問い17：次の文章に続くのは？　「真の利益はすべて……」
答え：「……相互的である」
参考：神との友情・16章、神との対話　ガイドブック・8章

問い18：次の文章に続くのは？　「すべての行為は……」
答え：「……自分を決定する行為である」
参考：変えれば、変わる・24章、神との対話　ガイドブック・12章

問い19：神は、あなたは欲しいと思うすべてを得られないかもしれない、と言う。それはなぜか？
答え：ただ何かを欲しがるという行為は、宇宙に向かって、自分はそれをもっていないと言うことだから。宇宙はそれをあなたの現実に反映させるしかない。結局、あなたは「欲しいものが欲しい」とさらに思うことになる。なぜなら、神はつねに、あなたの「(欲求を陰で)支えている思考：もっていないという思考」に「イエス」と言うのだから。
参考：神との対話1・1章

問い20：真実を語る五つのレベルとは？
答え：①あなた自身についての真実を、あなた自身に語る。
②他者についての真実を、あなた自身に語る。

③あなた自身についての真実を、他者に語る。
④他者についての真実を、そのひとに語る。
⑤すべてについての真実を、すべてのひとに語る。
参考：神との対話2・1章

問い21：全的な生き方の中心となる三つの概念とは？
答え：①認識
②誠実
③責任
参考：神との対話3・20章

問い22：創造の三つのツールとは？
答え：①思考
②言葉
③行為
参考：神との対話1・4章、神との友情・12章

問い23：神との友情への七つのステップとは？
答え：①神を知ること。

②神を信じること。
③神を愛すること。
④神を抱きしめること。
⑤神を利用すること。
⑥神を助けること。
⑦神に感謝すること。

参考：神との友情・4章

問い24：神との対話は、生命／人生には三つの基本原理があるという。その三つとは？
答え：①機能性
②適応性
③持続性

参考：新しき啓示・20章、変えれば、変わる・17章

問い25：新しい福音とは？
答え：わたしたちはすべて一体である。わたしたちの道がすぐれているのではなく、これもひとつの道だというに過ぎない。

参考：神との友情・7章、18章、おわりに

問い26：二つの魔法の言葉がある。ひとつは「わたしは何者か？」もうひとつは？
答え：「いま、愛なら何をするだろうか？」
参考：神との対話1・18章

問い27：意識の四つのレベルとは？
答え：①潜在意識
②意識
③超意識
④超絶意識
参考：神との友情・6章

問い28：知ることには六つのレベルがある。少なくとも三つを挙げよ。
答え：①知らないし、自分が知らないことを知らないひとたちがいる。彼らは子どもだ。育ててやりなさい。
②知らないが、自分が知らないことを知っているひとたちがいる。彼らには意志がある。教えてやりなさい。
③知らないが、自分は知っていると思っているひとたちがいる。彼らは危険だ。近づかないようにしなさい。
④知っていて、自分が知っていることを知らないひとたちがいる。彼らは眠っている。起

こしてやりなさい。

⑤知っていて、知らないふりをするひとたちがいる。彼らは役者だ。楽しめばいい。ただ、彼らのドラマにはまってはいけない。

⑥知っていて、自分が知っていることを知っているひとたちがいる。彼らについていくのはやめなさい。もし、自分が知っていることを知っているなら、自分についてこさせようとはしないはずだから。だが、彼らの言葉を注意深く聞きなさい。あなたがすでに知っていることを思い出させてくれるかもしれない。それがあなたが彼らを呼び寄せた理由かもしれない。

参考：神との友情・14章

問い29：気づきの三つのレベルとは？（ヒント：一番目は「希望」）

答え：①希望

②信念

③知識

希望は気づきの最初のレベル。これは「希望がない」という思いよりははるかにましだが、しかし気づきとしては基本的なレベルである。なぜなら、ある状況で良い結果が起こることは可能性であって、保証されていないということだから。だから、ひとは「希望」をもっている、と言う。

信念は、気づきの二番目のレベル。「希望」よりもエネルギーが大きいのは、悪い結果が起こる可能性はあるとしても、この場合は良い結果が保証されているということだから。それで、ひとは「信念」をもっている、と言う。

知識は気づきの最高のレベル。これは「希望」や「信念」よりも大きい。なぜなら、この状況で悪い結果の可能性はあり得ず、すべての結果は良いと宣言することであり、それゆえに抵抗せずに歓迎するということだから。すべては進化の道でわたしたちを前進させ、「神のわが家」へと導くからである。それゆえに、わたしたちは「悪い」ことはいっさい起こり得ないことを「知っている」場にいると言われる。もちろん、わたしたちが何者で、何であるかに照らして、これは真実である。

参考：神との友情・6章

問い30：人間の十の幻想とは？
答え：①必要性が存在する。
②失敗が存在する。
③分裂が存在する。
④不足が存在する。
⑤課題が存在する。
⑥裁きが存在する。
⑦罪の宣告が存在する。
⑧条件が存在する。

⑨優越が存在する。
⑩無知が存在する。
参考：神とひとつになること・プレリュード、神よりしあわせ・付録

問い31：この幻想から人間が創り出した文化的な物語とは？（ヒント：十項目ある）
答え：十の幻想から、わたしたちは間違って次のことを信じている……
①神には決まった予定がある（必要性が存在する）。
②人生の結果は疑わしい（失敗が存在する）。
③わたしたちは神と離ればなれになっている（分裂が存在する）。
④充分ではない（不足が存在する）。
⑤しなければならないことがある（課題が存在する）。
⑥しなければならないことをしないと、罰を受ける（裁きが存在する）。
⑦罰を受ければ永遠に苦しむ（罪の宣告が存在する）。
⑧したがって、愛には条件がある（条件が存在する）。
⑨条件を知っていて満たすこと、それがひとよりすぐれているということだ（優越が存在する）。
⑩これが幻想だということをわたしたちは知らない（無知が存在する）。
参考：神とひとつになること・プレリュード、神よりしあわせ・付録

問い32：（人生で前進するための）三つのプロセスとは？
答え：三つのプロセスとは、人生で幻想にぶつかったとき、幻想を活用してまったく違った自分を経験する方法。そのプロセスは……
①幻想を幻想として見ぬく。
②それが何を意味するかを決定する。
③自分自身を新たに再創造する。
参考：神とひとつになること・16章

問い33：次の文章に続くのは？「あなたでないものが存在しないなら……」
答え：……あなたであるものも、存在しない。
参考：神との対話3・12章、21章、神との対話 ガイドブック・12章、変えれば、変わる・19章

問い34：神についての五つの誤解と、生命／人生についての五つの誤解とは？
答え：神についての五つの誤解は
①ひとびとは、神が何かを必要とすると信じている。
②ひとびとは、神が必要性を満たせないことがあると信じている。
③ひとびとは、自分たちが神から引き離された、なぜなら神に必要なものを与えなかったからだと信じている。
④ひとびとは、神がいまでも必要なものを強く欲しているから、それを与えろと、引き離

されたひとびとに要求していると信じている。

⑤ひとびとは、神の要求に応じなければ、神に滅ぼされるだろうと信じている。

参考：新しき啓示・4章、明日の神・8章

答え：生命／人生についての五つの誤解とは

①ひとびとは互いにばらばらである。

②ひとびとが幸せになるために必要なものは、充分にはない。

③充分にないものを手に入れるためには、ひとびとは互いに競争しなければならないと考える。

④一部のひとたちは、ほかのひとたちよりすぐれている。

⑤ほかの誤解によって生まれる相違を解決するために、殺し合うのはかまわない。

参考：新しき啓示・5章、明日の神・8章

問い35：『新しき啓示』に記された九つの啓示のうち、少なくとも五つを挙げよ。

答え：①神はいつも人間と語り合ってきたし、今日《こんにち》でもまだそうしている。

②すべての人間は、かつて生きた者、いま生きている者、これから生きる者のすべてと同じく、特別な存在である。わたしたちはすべて、あらゆる瞬間に生命／人生についてのメッセージを生命／人生に伝えている。

③どの神への道も、べつの道よりすぐれているということはない。「唯一、真の宗教」はないし、「選ばれたひとたち」という集団もない。

④神には何も必要がないし、誰にも何も求めない。神はそれ自身で、純粋な喜びである。
⑤神はわたしたちとはべつにある単一の超越的な存在ではなく、人間のような感情的「必要性」はいっさいない。神はいかなる方法によっても、傷つけられたり、損なわれたりすることはなく、したがって人間を罰する必要もない。
⑥存在するものはただひとつであり、すべては存在するひとつの部分である。
⑦正しいとか間違っているということはない。あなたがたがどうありたいか、何をしたいか、何を所有したいかに照らして、有効なことと、有効でないことがあるだけである。
⑧あなたがたは身体ではない。あなたがたの身体はあなたがたが所有するもので、あなたがたではない。神と同じく、あなたがたは限りがなく、終わりがない。
⑨あなたがたは死ぬことはあり得ず、永遠の地獄に落ちることもない。

参考：新しき啓示・28章

問い36：平和への五つのステップとは？

答え：①神と生命／人生に関する古い信念の一部が、もう役に立たなくなっていると認めること。
②神と生命／人生について、わたしたちはわかっていない部分があり、それを理解すればすべてが変わるだろうと認めること。
③神と生命／人生についての新しい理解がもたらされ、その理解が地球上で新しい生き方を開いてくれると考えること。
④その新しい理解を模索し、検討する勇気をもち、それが内なる知識とぴったりなら、そ

れを取り入れて信念体系を拡大すること。
⑤わたしたちの最高の信念を否定するのではなく、それを示す生き方をすること。

参考：新しき啓示・2章

問い37：明日の神の特徴九つのうち、少なくとも五つを挙げよ。

答え：①明日の神は、神を信じることを誰にも要求しない。
②明日の神には、ジェンダーも大きさもかたちも色も、個々の生きている存在がもっている資質はいっさいない。
③明日の神はつねに、すべての人とともに語る。
④明日の神は何ものからも離れてはおらず、あらゆるところに存在する。
⑤明日の神とは、単一の超越した存在ではなく、生命というとてつもないプロセスである。
⑥明日の神は、つねに変化している。
⑦明日の神には、何も必要がない。
⑧明日の神は、仕えることを求めず、むしろ、すべての生命のしもべである。
⑨明日の神は無条件に愛する。

参考：新しき啓示・25章

問い38：（神のわが家へ帰るにあたって）思い出すこと十八のうち、少なくとも十を挙げよ。

答え：①死とは、あなたが自分のためにすることである。

②いつ、どこで、どんなふうに死ぬのであっても、あなたの死を引き起こすのはつねにあなた自身だ。
③あなたは自分の意志に反して死ぬことはない。
④「わが家」へ帰る道のなかで、ほかの道より良い道はない。
⑤死は決して悲劇ではない。死はつねに贈り物である。
⑥あなたと神はひとつであり、両者のあいだに分離はない。
⑦死は存在しない。
⑧あなたは「究極の現実」を変えることはできないが、それをどう経験するかは変えられる。
⑨すべての生命／人生の因《もと》は、自らの経験のなかで自身を知りたいという神の願望である。
⑩生命は永遠である。
⑪死のタイミングと状況はつねに完璧である。
⑫すべてのひとの死は、つねにその死を知るほかのすべてのひとの課題《アジェンダ》に役立つ。
⑬誕生と死は同じことである。
⑭あなたがたは生命／人生においても死においても、創造行為を続けている。
⑮進化に、決して終わりはない。
⑯死から引き返すことができる。
⑰死んだら、あなたがたは愛するひとすべてに迎えられるだろう——あなたより前に死んだひとと、あなたより後に死ぬひとたちに。
⑱つねに、自由な選択は純粋な創造行為であり、神の署名であり、あなたの贈り物、栄光、

力である。

参考：明日の神・思い出すこと

問い39：『神よりしあわせ』は、生命／人生は基本的に五つの方法で表現されると語る。その五つとは？

答え：①わたしたちに力を与える「引き寄せのエネルギー」。

②わたしたちにチャンスを与える「対極の法則」。

③わたしたちに洞察力を与える「知恵の贈り物」。

④わたしたちに想像力を与える「喜ばしい驚異」。

⑤わたしたちに永遠を与える「循環（サイクル）の存在」。

参考：神よりしあわせ・9章

問い40：生命／人生の四つの基本的な問いとは？

答え：①わたしは何者か？

②わたしはどこにいるのか？

③わたしがいまいる場所にいるのはなぜか？

④わたしはここで何をしているのか？

参考：変えれば、変わる・19章

『人類との対話1　静けさの前の嵐』には、七つのシンプルな疑問のうちの四つとして挙げられている。ほかの三つは以下のとおり。

①高度に進化していると自称する種の七十億のメンバー全員が同じことを――生存、安全、安定、平和、繁栄、チャンス、幸福、そして愛を――望んでいるのに、何千年ものあいだ試みてもなお、それを実現することができないなどということが、どうして可能なのか？

②神と生命／人生について、わたしたちが充分に理解していないことがあるという、そしてそれが理解できればすべてが変わるという可能性はあるだろうか？

③わたしたち自身について、わたしたちが充分に理解していないことがあるという、そしてそれが理解できれば、わたしたちの人生は未来永劫、良いほうへ変化するという可能性があるだろうか？

問い41：神より幸せになる十七のステップのうち、少なくとも十を挙げよ。

答え：①「分離の神学」に終止符を打つ。
②真の自分を忘れない。
③自分が求める経験を他者にさせる。
④見ているものはひとつとして現実《リアル》ではない。
⑤自分は自分の「物語」ではない。
⑥依存を好みに変える。
⑦すべてを完璧なものとして見る。
⑧「ドラマ」は棚上げにする。

⑨悲しみを理解する。
⑩人生を批判しない。
⑪すべての期待を捨てる。
⑫自分自身を慈しむ。
⑬真実がわかったらすぐに口に出す。
⑭エネルギーを観察し、波動をつかまえる。
⑮微笑む。
⑯歌う。
⑰ほんとうにひどい状態のとき、どうすべきかを知る。

参考：神よりしあわせ・27章

問い42：すべてを変えうる九つの変化とは？
答え：①「自分ひとりで切り抜ける」という決意を変える。
②自分が選択する感情を変える。
③自分が選択する思考を変える。
④自分が選択する事実を変える。
⑤変化そのものについての思考を変える。
⑥変化が起こる理由についての思考を変える。
⑦未来の変化についての思考を変える。

⑧人生についての思考を変える。
⑨自分のアイデンティティを変える。
参考：変えれば、変わる・はじめに

問い43：人生を通じて、わたしたちは三つの方法で「現実」を経験する。その三つの現実とは？
答え：①歪められた現実
②観察された現実
③究極の現実
参考：変えれば、変わる・7章

問い44：頭／理性がつくり出す三つの事実とは？
答え：①創造された事実
②現れた事実
③実際の事実
参考：変えれば、変わる・8章

問い45：頭／理性のメカニズムのなかにある因果関係の連鎖とは？
答え：出来事＋データ＋事実＋思考＋感情＋経験＝現実
参考：変えれば、変わる・8章

問い46：魂のシステムのもとでの因果関係の連鎖に加わる四つの追加的要素とは？
答え：見方＋知覚（感じ方）＋信念＋行動
参考：変えれば、変わる・20章

問い47：なぜ、人生の変化は起こるのか？
答え：すべての変化は、わたしたちが個人として成長し、魂を進化させるために望むから起こる。生命／人生はプロセスで、そのプロセスは「変化」と呼ばれる（変化は、生命／人生が持続しようとする意志の表明。変化は生命／人生そのものの基本的な脈動）。
参考：変えれば、変わる・17章

問い48：次の文章に続くのは？「すべての変化は……」
答え：……良いほうへの変化である（悪いほうへの変化などというものは存在しない）。
参考：変えれば、変わる・16章

問い49：神の王国の三つの領域とは？
答え：①霊的《スピリチュアル》な領域（絶対の領域、知る領域とも呼ばれる）
②物質の領域（相対の領域、経験する領域とも呼ばれる）
③霊＋物質（スピリジカル）な領域（霊的な領域と物質の領域が交差するところ。純粋な

存在の領域とも呼ばれる）
参考：変えれば、変わる・19章

問い50：神との対話の、最も重要なメッセージとは？
答え：わたしたちはすべて一体である（「神から世界へのメッセージとは何か」と問われることも多い。答えは「あなたがたはわたしをまったく誤解している」）。
参考：神との対話1

訳者あとがき

出版社から「神との対話の四冊めが出たのですが」というご連絡をいただいたときには、少し驚いた。『神との対話』シリーズの著者ウォルシュさんは、対話三部作の後も多くの著書を出されているが、『神との対話』というタイトルの本は三冊で終わりだと思っていたからである。

その思いは、じつはウォルシュさんも同じだった。本書の対話の冒頭で、「また、こんな日が来るとは思ってもいませんでした。このプロセスは完了したと思っていたのですから」と神に語っている。しかし、そうではなかった。もともと原著のサブタイトルとして「an uncommon dialogue : ふつうではない対話」として始まった『神との対話』はこうして、また思いがけない展開を見せることになった。

これまでの「対話」をお読みくださった方はご存じのとおり、ウォルシュさんと神との対話は、まず個人的なテーマから始まった。自分は不幸だ、自分の人生は失敗だと感じていたウォルシュさんは、大いなるものに、つまり神に宛てて問いかけようと考えた。

どうして、自分の人生はうまくいかないのか、うまくいくためには、何が必要なのか。そして「こんなにもがきつづけていなければならないなんて、わたしがいったい何をしたというのか」

便箋に書き記していると、ふと返事が浮かぶ。ウォルシュさんはその神の返事を書き記す。すると、また問いが浮かぶ。それも書く。そしてまた、神が答える。こうして「神との対話」は行われていった。

『神との対話1』の「はじめに」にあるように、第一の対話では、おもに個人的なことがら、ひとりひとりの人生における課題と機会について、取り上げられた。

第二の対話では、もっと世界的なことがら、地球上の地政学的、形而上学的な生活について、世界が直面している課題について語られた。

そして、第三の対話のテーマは、さらに高い秩序、宇宙の真実、そして魂の課題と機会だった。

それでは、今回の対話のテーマは何か。神は言う。いま、あなたがたに三つめの招待をする時機が来た、と（いままでの対話をお読みになっていない方やよく覚えていないという方々のために記すなら、一つめの誘いは「神についての世界の思い・考えを変えること」二つめは「ひとびとを自分自身に返してやること」だった。これらについても本書では触れられているので、対話三部作が未読だという方々もご安心いただきたい）。その三つめの招待とは、「人類という種を目覚めさせること」であり、いま、わたしたちの地球、つまり人類は「前進するのに絶好のとき」を迎えている、というのである。

なるほど！　と思う。なんと、壮大なテーマだろうと。今回、本書を訳すにあたって、過去の三部作をひもといたり、思い出したりすることが多かったのだが、これらの著作が初めからじつに壮大な体系になっていたことに改めて驚かされた。

個人から始まって社会へ、そして精神世界へ、生死を含めた形而上学的な宇宙へと発展していった対話は、最後にわたしたち人間に、目覚めよう、人類としてもっと幸せな世界を創ろうと呼びかけて、結ばれる。まさに本書は「対話」の集大成であり、完結編なのだ。

こう書くと、人類を目覚めさせるなんて、自分にできるはずがないし、そんなとてつもないことに関心はない、わたしはわたしが幸せでありたいだけ、それだけでもせいいっぱいだ、と思われる方もあるのではないだろうか。

だが、ご心配はいらない。人類を目覚めさせる第一歩は自分が目覚めることであり、しかも、神は、あなたは目覚めている、ただそれを知らないだけなのだよ、と呼びかけている。

私見だが、わたしたちは（たとえ自分で気づいていなくても）目覚めているからこそ、幸せになりたい、ただ生き延びるだけの人生では満足できない、と思うのではないだろうか。だからこそ、あなたはこの本を手に取られたに違いない。神が本書で語る「人類を目覚めさせる」方法は、自分自身が幸せになる方法でもあるのだ。

それでは、自分が幸せになり、さらには人類を目覚めさせるにはどうすればいいか。それは、本書を読んでいただくとして、たぶん、ウォルシュさんの本を翻訳させていただく最後の機会となる今回、少しだけ訳者の思いを聞いていただけるだろうか。

二十年あまり前、編集者の青木由美子さんに『神との対話』の翻訳をしませんか、というお誘いをいただき、原書を読んだとき、じつは戸惑いとためらいの連続だった。そこに書かれていることがあまりにも思いがけなくて、それまで刷り込まれていた常識や概念では太刀打ちできない気がしたからだ。それでも著者と神とのかけあいの巧みさ、見事さ、やりとりのおもしろさに助けられて、なんとかその後も仕事を続けさせていただいた。

いまにして思えば、新しいことを知るとは、それまでの自分の常識や概念とは違う、つまり既知ではないものと出会うことだから、戸惑ったりためらったり、さらには疑問を抱いたり抵抗を感じたりするのは当然のことだったのだ。そして、本書との出会いを機に訳者の人生にもさまざまなことが起こり、さまざまなことを学んできて、いまの自分があると感じる。古希を超えたいまも恥ずかしいくらいに未熟なままの訳者ではあるが、しかし、ウォルシュさんの著書と出会っていなかったら、いまのわたしはなかった、と断言できる。


その経験もあって、読者の方々に申し上げたい。ウォルシュさんが本書でも書いているとおり、神は「わたしの言うことを信じるな」と言う。「ただ、そのとおりに生きてごらん。経験してごらん。それから、何でもいいから、ほかの生き方をしてみなさい。その後に経験を見つめて真実を探しなさい」と。

ここに書かれていることを、ふうん、そうなんだ、と頭から信じ込んでしまったら、それは自分の目覚めにはならない。これらの「対話」をきっかけに自分自身を深く観察し、自分自身の神との対話を始めること、そのプロセスを経験し、それを吟味して、自分が納得できる真実を探すことが大事なのだ。そして、そのためにも本書を、そしてこれまでの対話を、前提や想定、既知の概念なしにすなおに読んでいただきたい。

禅宗では、月と月を指す指、という言葉があると聞く。ほら、あれが月だよ、と指されても、その指を見つめていたのでは、月は見られない。言葉と言葉が指し示すものは違う。だからこそ、実体験と照らし合わせつつ、何度でもこれらの対話を読んでほしい。そして、生きている瞬間瞬間に、どんな自分でありたいか、あろうとするかを何度でも選びなおしてほしい。

訳者がいまのこの身体として生きる日々はあまり多く残されてはいないかもしれないが、それでも日々、選びとること、選びなおすことを心がけて生きていきたいと思う。

終わりに、この場をお借りして、このような稀有の出会いの縁を結んでくださった青木由美子さん、そしてサンマーク出版のみなさまにこころからお礼を申し上げる。

この出会いがなかったら、訳者の人生はまるで違ったものになっていたに違いない。

二〇一八年　夏

吉田利子

【著者】ニール・ドナルド・ウォルシュ　Neale Donald Walsch

何百万人ものひとびとの人生に影響をおよぼしてきた現代のスピリチュアルなメッセンジャー。「神性」の存在を感じ、神に問いかけて答えを得たプロセスを口述筆記のように記録し、1995年『神との対話』として刊行した。それからの二十余年、現代のスピリチュアリティについての著書を29冊上梓。なかでも広く支持された『神との対話』シリーズは、世界の主要言語に翻訳されている。ウォルシュはメディアを通して「誰でもいつでも神と対話しているのであって、問題は神が誰に語りかけているかではなく、誰が耳を傾けるかだ」と主張し、世界の関心を集めた。現在は、妻であり詩人であるエム・クレアとともにオレゴン州に暮らしている。

www.cwgconnect.com

【訳者】吉田利子　Toshiko Yoshida

埼玉県出身。東京教育大学卒業。
訳書に、ニール・ドナルド・ウォルシュ『神との対話』シリーズ、ラルフ・ウォルドー・トライン『人生の扉をひらく「万能の鍵」』(ともにサンマーク出版)、エスター・ヒックス、ジェリー・ヒックス『引き寄せの法則 エイブラハムとの対話』(SBクリエイティブ)、J.クリシュナムルティ『境界を超える英知――人間であることの核心』(共訳、コスモスライブラリー)、ビル・エモット『日はまた昇る』、スタンリー・ビング『孫子もタマげる勝利術』(ともに草思社)、オリヴァー・サックス『火星の人類学者』(早川書房)、ゲイリー・R・レナード『神の使者』(河出書房新社)、ドロシー・ロー・ノルト『いちばん大切なこと。』(PHP研究所)など多数。

神との対話　完結編

2018年10月5日　初版発行
2023年7月30日　第4刷発行

著　者　ニール・ドナルド・ウォルシュ
訳　者　吉田利子
発行人　黒川精一
発行所　株式会社 サンマーク出版
　　　　東京都新宿区北新宿2-21-1
　　　　(電話)03-5348-7800
印　刷　共同印刷株式会社
製　本　株式会社若林製本工場

Printed in Japan
定価はカバー、帯に表示してあります。落丁、乱丁本はお取り替えいたします。
ISBN978-4-7631-3700-5　C0030
ホームページ　https://www.sunmark.co.jp